풍경 한 폭

현대수필가100인선Ⅱ · 46

풍경 한 폭

김나현 수필선

수필과비평사 · 좋은수필사

■책머리에

수필은 누구나 부담 없이 읽고, 마음만 먹으면 직접 쓸 수도 있는 가장 친근한 문학이다. 다른 영역의 문학이 영상매체에 밀려 신음하고 있는 중에도 수필 인구만은 날로 증가하여 바야흐로 수필 전성시대를 구가하고 있는 이유도 거기에 있을 것이다.

시대적 추세에 힘입어 수많은 수필전문지, 수필동인지가 창간되고, 이에 비례하여 신진 수필가도 날로 늘어나다 보니 이제는 그 많은 작가, 그 많은 작품 중에서 문학성 높은 작품을 가려 읽는 일이 쉽지 않게 되었다. 이런 현상은 작가에게나 독자에게나 결코 바람직한 일이 아니다. 더 나아가서는 수필을 연구하는 후세들에게도 큰 부담이 될 것이다.

이런 문제를 해결하는 데는 출판인도 마땅히 한몫을 감당해야 한다는 평소의 소신에 따라, 본사가 기꺼이 그 역할을 맡기로 했다. 그 첫 번째 사업으로 시대를 대표할 만한 수필가 100인을 선정하고, 작가가 자선한 40편 내외의 작품을 수록한 문고본을 발간하여 이를 널리 보급함으로써 그 소임을 다하고자 한다.

본사는 사명감을 가지고 이 사업을 추진해 나가기로 했다. 작가 선정을 전담할 편집위원회를 구성하고 전권을 위임하여 일체의 사적인 정실이나 청탁을 배제함으로써 전문성과 공정성을 확보해 나갈 것이다.

따라서 이 기획물 속에는 작가의 문학정신뿐만 아니라, 본사의 문학사적 기여 의지와 편집위원 제위의 수필문학에 대한 애정과 문인으로서의 양심이 함께 담겨 있음을 자부한다. 다만, 작가를 선정하는 기준에는 많은 견해의 차이가 있을 수 있고, 선정 과정에서도 미처 챙기지 못한 부분이 있을 것이라는 사실만은 인정하지 않을 수 없다. 이 점에 대해서는 관계자 여러분의 양해 있으시기 바란다.

이 시리즈의 발간 순서는 작가, 또는 본사의 사정에 의한 것일 뿐 그 밖의 어떤 기준도 적용하지 않았음을 밝힌다.

본 기획물이 시대를 초월한 많은 수필 애호가들의 관심과 애정 속에 우리나라 수필문학 발전에 한 이정표가 되기를 바랄 뿐이다.

본사에서는 이상과 같은 취지로 ≪현대수필가 100인선≫ 전 100권을 완간하여 큰 반향을 불러일으킨 바 있다.

그러나 우리 수필문단의 규모나 수필문학의 수준에 비추어 선정 작가를 100인으로 한정하는 것은 형평성이나 효율성 면에서 크게 부족하다는 의견이 많았고, 본사 또한 이를 통감하던 터라 기꺼이 ≪현대수필가 100인선Ⅱ≫를 발간하기로 했다.

본사의 충정에 찬동하여 출판에 응해주신 저자 여러분에게 진심으로 감사한다.

2014년 9월 일

수필과비평사 · 좋은수필사 발행인 서 정 환

현대수필가 100인선 간행 편집위원 박 재 식 최 병 호

정 진 권 강 호 형

오 세 윤

| 차례 | 현대수필가100인선 Ⅱ · 46

1_부

2_부

3_부

4_부

1부

합창할 때처럼
소리
꽃씨를 받으며
반지처림
보리밭을 흔드는 바람
태극기 휘날리고
마애불이 웃었다
추락할 때의 간절함으로
Serenade
관계망
설악의 밤

합창할 때처럼

성가대를 해온 지 열 몇 해째다. 성가대 합창은 대개 여성 2부나 혼성 4부로 하게 된다. 알토와 소프라노, 테너와 베이스 중 내가 맡은 파트는 알토다. 소프라노를 빛나게 받쳐주는 주춧돌 같은 역할이다.

여성 2부 화음도 단조롭긴 하나 단음보다는 한결 조화롭다. 거기에 남성 2부가 듬직하게 깔리면 화음은 오색실타래처럼 곱게 어우러진다. 살아가는 일에서뿐 아니라, 화음도 남녀의 소리가 섞여야 멋진 조화를 이룬다는 것을 합창을 하면서 알게 된다.

합창은 정신을 집중해야 하는 협동 작업이다. 잠시라도 정신을 흐트러뜨리면 여지없이 틀리고 만다. 반 박자 먼저 튀어나온다거나, 소리를 동그랗게 오므려 뭉쳐야 할 부분이 들쭉날쭉하다든가 하는. 멍 때리다가 1, 2절 가사를 섞어 부르는 실수도 저지른다. 나 한 사람 부주의 때문에 전체의 조화가 깨지면 얼마나 무안한가. 미운 오리 새끼 같은 존재가 되지 않으려면 지휘자의 손끝에 집중해야 한다. 독불장군은 어디에서도 어울리지 못하는 법, 합창에서도 예외는 아니다. 여럿 중에서 튀는 불협화음은 외돌토리를 자청하는 거나 다름없다. 차라리 소리를 잠시 죽이는 미덕을 택하는 편이 낫다.

온 마음을 쏟아 노래하다 보면 번잡한 생각도 잠시 잊는다. 아웅다웅 사는 일을, 노래할 때만큼은 잊고 마음을 가다듬게 된다. 목소리로 연주하는 노래는 소리로 하는 명상이라 할만하다.

여러 소리가 함께 행진하는 합창에선 출발이 중요하다. 첫 음을 정확히 짚어야 악보의 레일에서 이탈하지 않고 제 길을 갈 수 있다. 잡히는 것 없는 허공에서 미세한 소리의 가닥을 정확히 잡아내는 일이 쉽지 않다. 그래서 첫 음을 잡을 때에는 자신감과 뱃심이 필요하다. 나는 틀릴 때 틀리더라도 용감하게 첫 소리를 짚는 편이다. 어정쩡하게 출발한 다른 소리가 씩씩한 내 소리를 따라 제 궤도로 찾아들 때 뿌듯해진다.

여럿이 노래를 할 때에 흔히 '입을 맞춘다.'고 한다. 여러 사람이 노래하지만 한 입으로 부르는 것처럼 부르라는 말이다. 서로 다른 음색이 고루 섞여 결 고운 화성으로 어울리기까지 부단한 연습을 필요로 한다. 얼굴 생김새처럼 다양한 목소리들이 한 입으로 부르듯 하는 합창은, 나를 드러내지 않는 겸손의 작업이기도 하다.

합창은 목소리가 빚는 예술이다. 갖은 소리들이 모여 강물처럼 넘실넘실 흘러간다. 사람이 어울리는 작은 세상이 여기에도 있다. 성당 대축일을 앞두고서 생소한 악보를 받을 때엔 적잖은 부담감도 생긴다. 낯선 사람을 처음 만나는 일처럼 서먹하여 사귀는 과정이 필요하다. 새 곡을 받을 때면 으레 겪는 일이다. 아이가 걸음마를 배울 때 한 발짝씩 떼어놓는 연습을 하듯 한 마디씩 익혀 나가다 보면, 데면데면하던 곡도 어느덧 소화하게 된다. 얼굴이 익으면 낯가림도 사라지고 악보와도 친숙해진다.

악보는 노래의 길이다. 앞만 보고 달리기에 급급하면 노래 맛을 살릴 겨를이 없다. 거기다 지시 표에 맞춰 '<= 점점 세게', '>= 점점 여리게', '·=한 음씩 끊는 듯이' 등으로 밋밋한 노래에 맛을 곁들인다. 실체 없는 노래를 살리려 세심한 연습을 한다. 거기다 제 반주 음을 이정표 삼아 찾아들어야 옆길로 새지 않고 곧장 갈 수가 있다. 음의 갈피를 잡지 못해 샛길로 들었다가 도중에 은근슬쩍 제 궤도로 찾아드는 일도 종종 일어난다.

노래는 잘 매듭짓는 일도 중요하다. 한 노래는 반주 음까지 끝을 맺고서야 비로소 끝이 난다. 그때까지 긴장을 풀 수 없다. 일 잘하고 마무리가 흐지부지하면 일한 보람이 없는 것처럼, 합창에서도 깔끔한 마무리는 기본이다. 공들여 갈고 닦은 목소리를 실전에서 한바탕 풀어내고 악보를 덮는 순간, 다 쏟아낸 후련함과 긴장의 이완을 동시에 맛본다. 소리를 통해 얻는 카타르시스다.

음악이 없으면 세상이 삭막하지 않을까. 어떤 집단의 아이들에게 악기를 다루게 했더니 범죄율이 훨씬 줄었다고 한다. 음악은 한 시대를 반영하는 선두의 문화가 아닌가 싶다. 대중가요를 통해 세대 구분이 되는 것만 봐도 그렇다. 어떤 노래를 함께 들었다는 것은 한 시대를 공유했다는 동질감이 들게 한다. 또한, 특정 음악이 한 시대의 기억을 떠올리게 하는가 하면, 백화점이 시간대에 따라 내보내는 음악이 매출액에 영향을 미친다니 적절하게 사용하는 음악 효과가 크다.

악기를 잘 다루는 사람을 보면 넘보지 못할 영역처럼 부럽다. 악기 연주에의 갈증은 나이를 먹는 것과는 상관이 없는 모양이다. 근사한 레스토랑에서 폼 잡고 피아노를 연주하는 나를 상상한다. 그러지 못하는 아쉬움을 합창으로 상쇄하고 있다고 봐도 맞겠다.

음악은 만국의 공통언어다. 말이 다르고 피부색이 달라도 음악은 그것을 차별하지 않는다. 가난함과 부유함, 귀함과 천함도 구별하지 않으니 음악은 얼마나 공평한가. 음악을 좋아하는 사람이라면 왠지 상통하는 무엇이 있을 법하다. 그 사람의 마음도 선율처럼 고울 것 같다.

사는 일도 합창과 다름없다.

소리

시간조차 굼뜬 산골 전심나절이다. 아버지의 한가한 흥얼거림에 무료하던 공기가 잠시 뒤척인다. 큼지막한 헤드폰을 머리에 쓰고 소리에 몰두하신 아버지를 바라보다 싱긋 웃고 만다.

아버지는 시조창을 연습하는 날이면 일손도 놓은 채 총총히 출타하셨다. 부지깽이도 나서서 일을 거든다는 농사철에 부린 한량놀음이 어머니에게 곱게 비쳤을 리 없다. 아버지가 그동안 시조창 대회에서 받아놓은 상장을 뒤적이자 벼른 듯 어머니의 타박이 쏟아진다. 상을 받아도 차비는커녕 붓글씨 쓴 종이 한 장 달랑 주는 것이 고작이라며 넋두리시다. 어머니 입장에서야 구구절설 고개가 끄덕어지지만 나는 나서서 거들지 않는다. 은근히 아버지 편을 들고 있다.

아버지는 내가 어릴 적, 마을에 상여가 나갈 때에 선소리를 하셨다. 꽃상여 선두에 올라타 요령을 흔들며 앞소리 구슬프게 메기면, 상두꾼들이 그 소리를 받아 뒷소리를 했다. 망자의 넋을 달래는 아버지의 애잔한 소리 따라 상주들 곡소리도 구슬퍼졌다. 궂은일 좋은 일에 소매 걷어붙이고 나서서 거들던 마을 사람들은, 이웃해 살던 이의 마지막 이승길을 배웅하며 저마다의 설움으로 눈물을 찍어냈다.

당신은 사설지름시조를 연습하고 계셨다. 평시조로 시작해 사설·방각시조를 거쳐 엮음·사설지름에 이르기까지, 그 단계가 문학사의 시조 흐름과 상통했다. 특히, 종장 마지막 한 음보는 노래하지 않고 남겨두는 것이 시조창의 묘미였다.

이를테면 평시조 〈청산리 벽계수야〉를 노래할 때, "명월이 만공산하니 쉬어간들 엇더리." 중 '쉬어간들'에서 불완전하게 끝맺음을 한다는 뜻이다. 이처럼 마지막 음보까지 싹둑 끝내지 않고 까치밥마냥 슬쩍 남겨두는 미완의 여유는 분명 풍류의 멋이리. 아버지는 내게 맛보라며 능숙하게 단계별 앞 몇 마디씩을 불러주신다. 귀를 기울여 들어보지만 미세한 차이가 나는 듯 아닌 듯 고개가 갸웃거려진다. 아무래도 소리에 귀가 트지 않은 탓이다.

세태 따라 노래 템포도 숨 가쁘게 흘러간다. 거기에 기성세대는 적응하지 못하고 특정 세대의 몫이라며 적당히 제

쳐두고 거리를 둔다. 입장을 바꾸어도 마찬가지 현상이다. 랩과 로큰롤에 익숙한 세대들에게 느려터진 시조창은 잠이 오지 않으면 다행이다. 그나마 소리를 잇는 층이 대부분 연로하여 그 명맥조차 이어질까 염려되는 현실이다. 우리 전통 가락의 맥을 꿋꿋하게 잇고 계신 아버지도 소리의 전수자인 셈이었다.

그런 일에 관심 없는 어머니는 망중한의 낮잠에 드셨다. 날아드는 파리처럼 가물가물 잠을 거슬렸을 아버지 시조창 소리가 멎자, 이제야 잠 좀 자겠다고 잠꼬대처럼 혼잣말을 하신다. 다시 자장가를 불러 드려야겠다며 팔순을 앞둔 아버지와 쉰이 다 된 딸은 눈을 맞추며 웃었다.

자투리 시간을 수놓으려고 가져온 십자수를 종일 손에 달고 있다. 아버지 시조창도, 한낮에 소가 내는 무료한 울음소리도, 마을을 두른 뒷산 자락처럼 배경으로 수놓인다. 귓전으로 솔솔 스며드는 아버지의 소리에 귓바퀴가 쫑긋 힘을 준다. 호흡을 참고 가느다랗게 잇는 소리가, 마치 외줄 위에서 발재주부리는 광대처럼 아슬아슬하다. 혹 광대의 발이 줄 아래로 헛디딜세라 오감이 긴장된다. 쉼표 없는 악보를 같이 따라가다가 긴 숨을 참지 못하고서 내가 먼저 휴, 숨통을 터뜨린다.

아버지 시조창엔 당신 삶이 실번히 녹아 있다. 개울물처럼 찰랑대거나 목으로 부르는 얕은 소리가 아니라, 당신이 살아온 구구절절한 삶처럼 눅진하다. 고된 들일 후 논두렁에 앉아 들이키는 잘 익은 막걸리의 맛일까. 지난至難했던 인생 애환과 역정을 풀어내기에 그만한 수단이 없을 것 같다. 당신 여생에 불어온 청량한 바람이었을 것이다.

아담한 울안에 토닥토닥 울려 퍼지던 다듬질 소리가 들리는 듯하다. 어머니는 마루 한쪽에 가구처럼 놓인 다듬잇돌에다 눅눅한 이불홑청을 개어 올리고 방망이로 두들겼다. 다듬이 방망이는 어머니 손에서 율동하며 홑청 주름을 폈다. 홑청 주름 같은 어머니 가슴속 곡진 주름을 두드려 폈으리.

여울진 시절을 강물처럼 흘려보낸 어머니는 흰머리 무성하게 이고 낮잠에 혼곤하시다. 젊은 날로 돌아가 다듬이질을 하시는가. 꿀맛 같은 낮잠 속을 넘나드는 아버지 노랫소리에, 비몽사몽간 어물쩍 장단을 맞추고 계신 건가.

나도 그새 소리에 물들었나 보다. 시조창 곡조를 흥얼거리고 있다. 가락도 모르면서 흉내 내기하는 이것이야말로 파한破閑의 소리다. 그 파장까지 높였다 낮추었다 숫제 소리로 장난을 친다. 정중동의 경지를 모르면서 소리를 넘보는 일은 섣부르고 태부족한 일이다. 사는 일에 초연함이며 마음을 비운 무던함까지 갖추어야 하겠으니, 소리하기란 광대가 줄타기 하는 거나 다름없는 것 같다.

해거름에 들면서 십자수 무늬도 윤곽이 차츰 또렷해졌

다. 천 개도 넘는 자잘한 칸을 한 칸씩 메워가는 일은, 달팽이가 먼 행복의 언덕을 찾아가는 일처럼 더디다. 아버지는 느린 곡조를 건들건들 즐기시고, 나는 끈기 앞에서 시시로 몸을 꼰다. 살아온 만큼의 노숙함과 아직 덜 산 데서 오는 미숙함의 차이이리.

어느덧 마당에 어스름이 내렸다. 꽃밭에 둘러싸인 집 그림 십자수 서표도 매듭짓는다. 한 땀마다 고향의 하루가 고스란히 들어앉았다. 씨줄 날줄로 엮여 살아온 당신들 백년해로의 소망도 담뿍 담았다. 시조창이 흘러나올 듯 평화롭다.

꽃씨를 받으며

손톱마다 하얀 반달이 봉곳 떴다. 발간 봉숭아물이 든 손톱이 자라나는 하얀 손톱에 밀려 가을 해처럼 붉다. 여름 끄트머리의 열정과 들어서는 가을이 공존한다.

물든 손톱이 길어나며 차츰 잘려나가면 아쉬움에 자주 들여다보게 된다. 붙든 시간이 손톱 끝에서 달랑거리다 어느 날 마지막 한 점까지 싹둑 잘려나가면, 맨송맨송해진 손톱을 보며 허전해진다. 그제야 지난여름을 미련 없이 보내주는 것이다.

이제 무엇으로 기꺼워할까 하던 중 반짝 떠오른 생각이 있다. 바로 꽃씨를 받아두는 일이다. 김장으로 긴 겨울을 준비하듯 속절없이 진 꽃씨를 거두어 다가올 봄을 기약하고 싶다. 마침 온갖 꽃씨가 여무는 시기다. 뭇시선을 받던 꽃들이 제 피었던 자리마다 각양의 모습으로 꽃씨를 여물었다.

주변 화단을 기웃거리며 꽃씨를 거두기 시작했다. 꽃이 지자 거들떠보는 이마저 없으니 지는 꽃이 서러웠겠다. 꽃을 다독인다. 삶의 반환점을 막 돌고 있는 나도 지는 꽃의 처지나 다름없다는 섣부른 생각을 한다. 낙화 직전의 씁쓸한 마음을 꽃과 나눈다. 꽃이 진 자리마다 새까만 씨알이 빼곡히 들어차 있다. 이들 씨앗마다 꿈을 품는다. 이 꽃 저 꽃 고루 씨앗을 받으니 마음이 풍성하다.

이 사소한 일이 생기 차게 한다. 채송화 · 제비꽃 · 샐비어 · 봉숭아 같은 그 이름들도 꽃처럼 예쁘다. 각기 다른 꽃 모양처럼 둥글고, 뾰족하고, 깨알 같은 씨앗의 생김새도 꽃마다 각각 다르다. 이 씨앗들을 봉투에 담아 이름을 적으며 꽃의 한 해를 갈무리한다. 뜨겁게 산화한 후의 네 결실들을, 봄이 오면 따뜻한 땅에 뿌리내리게 하고 정성껏 거두어 주마.

꽃씨는 꽃의 사리다. 꽃의 정령이며, 발갛고 노랗게 여름을 산 흔적이다. 모래알만 한 입자가 빼곡하게 들어찬 까만 채송화 씨앗은 꽃의 눈물을 연상시킨다. 꽃이 진 자리마다 송골송골 솟아오른 진액 같은 꽃의 눈물, 그 결정체. 더 여물어질 수 없는.

어느 날 출근길에서다. 한 노인이 길가 화단에 쪼그리고 앉아 채송화 꽃모종을 심고 있었다. 흔치 않은 모습이 하도 흐뭇해 걸음을 멈추고 말을 건넸다. 집에 몇 뿌리 있어 심으려고 가져왔다고 말하는 그 마음이 꽃 같다. 씨앗이나 모종을 나누는 마음이 꽃처럼 주변을 밝힌다. 그로부터 얼마 지나지 않아 노인이 가꾼 화단에는 색색의 채송화 꽃이 꽃망울을 터뜨리기 시작했다. 덩달아, 오가는 사람들 눈에도 채송화 꽃이 활짝 피었다.

흙 마당 한쪽, 소담스러운 작은 꽃밭에서 잘 어울릴 채송화. 허리가 잔뜩 굽은 시골 안노인의 모습을 닮아 정감 가는 꽃. 한해살이 풀이면서도 여름 내내 힘 다해 끈질기게 피고 지는 양이 대견하기 짝이 없다. 하얀색 채송화 꽃은 아직 세상 물이 들지 않은 산골소녀의 도화지 같은 모습이다. 새하얘서 눈부시다. 순백의 도화지에 동양화 물감이 번지듯, 하얗던 소녀는 색색의 봉숭아꽃물이 든 어른이 되었다.

봉숭아꽃은 언제 보아도 고향 친구를 본 듯 반갑다. 고향 장독간 옆 담장을 울타리 삼아 총총히 무리지어 핀 봉숭아가 떠오른다. 친정에 갈 때마다 여름을 보내는 통과의식처럼 손톱에 봉숭아물을 들였다. 손톱에 봉숭아 물들이는 딸의 행동이 해맑아 보여서인가. 어머니는 봉숭아꽃처럼 얼굴이 환해지셨다. 봉숭아물을 들이는 일은 내 손톱에 주는 선물이다. 어른이 된 소녀는 덧없이 흘러가는 아까운 시간을 봉숭아꽃으로 동여매곤 한다.

각양 꽃은 제 역할을 톡톡히 해낸다. 상가喪家의 흰 국화는 먼 길 떠나는 이를 추모하고, 개업장 화환은 축하에 곁들여 발전을 기원한다. 차탁에 오른 소박한 들꽃은 그 분위기를 돋우며, 식탁에 꽂은 한 송이 장미는 단조롭던 집안을 화사하게 한다. 또한 가곡 "울 밑에선 봉선화야~~~"를 연상케 하는 봉숭아꽃은, 어른들 마음을 옛 시간 속으로 한달음에 달려가게 한다.

도심 꽃 탑이나 도로변 화단은 아무래도 도식적이다. 꽃을 색깔 별로 심고 질서정연하게 모양을 맞춘 흔적을 보며 가꾼 이의 손길을 떠올린다. 그러나 보도블록 사이로 가녀린 꽃대를 피워 올린 민들레가 오히려 정겹다. 내년 봄엔 넓은 화분에다 채송화와 봉숭아 씨를 옆옆이 심어야겠다. 옹기종기 필 꽃들을 생각하니 꽃씨보다 내가 설렌다.

씨앗은 꿈이다. 나눌수록 행복해지는 그런 꿈, 꿈이 된 씨앗들도 도란도란 봄을 기다린다. 봄이 멀다.

반지처럼

웨딩드레스를 나풀나풀 펼치고서 신부가 꽃처럼 앉아 있다. 결혼식의 꽃인 신부는 살짝 긴장한 듯 상기된 얼굴로 결혼행진곡을 기다린다.

나도 저런 때가 있었던가 하고 회상에 젖는 것도 잠깐이다. 언제부터인가 부모 입장에서 바라보는 나이가 되었다. 한 가정의 탄생은, 흘러온 내력이 서로 다른 두 줄기 강물이 한 줄기로 합쳐지는 일이다. 두 집안 간의 결속이다. 하나 되어 예를 올리는 인연이 아름답다.

그 결속의 중심에 반지가 있다. 시작과 끝이 없어 영원성을 상징하는 반지는, 속은 텅 비었으면서도 보름달처럼 꽉 차 있다. 결혼이란, 반지처럼 둥글었던 보름달이 이지러지고 들어차기를 반복하는 것처럼, 미완의 반쪽 삶이 온전한

하나가 되어가는 일일 것이다. 그 징표인 반지는 사랑만으로 살아지지 않을 결혼생활을 유지시키는 끈끈한 연결고리이다. 또한 부부 연이 끝없이 이어지기를 염원하는 뜻이 담긴다.

내겐 결혼반지가 없다. 살아오며 없앤 모양인데 언제 그랬는지 통 기억이 나지 않는다. 손가락이 허전해 반지 계를 들어 금가락지와 큐빅이 박힌 두툼한 18금 반지를 장만했다. 그러나 장신구에 대한 관심도 없을 뿐더러, 이물질처럼 거치적거려 늘 옷장 깊숙이 묻어두었다. 어쩌다 모임이 있거나 외출 때에 잠시 꺼내어 끼게 되는 게 다였다. 더구나 그것이 혼인서약의 물증인 반지가 아니라 그런지 큰 의미가 없었다. 물론 부부간의 첫 마음을 일깨워주는 도구도 못 되었다.

삶의 밑거름이 되는 것은 뭐니 해도 가족일 것이다. 단란한 가족의 모습은 보기에도 흐뭇하다. 성대한 결혼식과 번쩍이는 예물, 자랑스러운 신혼여행을 다녀오고서도 그 사이가 쩍 깨지는 경우를 봤다. 깨져 상처받는 게 어디 당사자뿐일까. 당사자만 깨지고 말 양이면 결혼의 신중함도 훨씬 가벼워졌을 게다.

부부는 닮는다던가. 오랫동안 한 얼굴을 마주보면 서로를 닮아가게 되나 보다. 닮는다는 것은 서로에게 동화되어 너와 나가 아닌 우리라는 일심동체가 되는 일일 터. 일그러지지 않은 모습으로 서로 닮아가는 일은 참으로 값지다.

결혼식 축가를 부를 일이 가끔 생긴다. 결혼은 많고 많은 사람 중에서 추리고 추려져 마침내 부부로 맺어지는 인연이다. 귀한 인연이 결실을 맺고 한 가정을 이루는 자리라 기쁘게 참석해서 축가를 부른다. 이날의 예쁜 모습과 마음을 고이 간직해, 그분이 보시기에 참 좋은 가정을 꾸려나가기를 바라는 염원을 담는다.

"청실홍실 엮어서 정성을 들여/ 청실홍실 엮어서 무늬도 곱게…."

청실과 홍실은 전통혼례 때 쓰던 남색과 붉은색 명주실 테를 의미한다. 노래는 새신랑 새색시를 상징하는 청실홍실처럼, 부부가 조화롭게 살라는 뜻을 담고 있다. 진심을 담아 축가를 부르다 보면 어느 순간 나를 위해 부르고 있다는 느낌을 받는다. 축복의 말이 찰랑찰랑 고여, 다른 찬란한 삶 앞에서 기 죽었던 내 낡은 삶을 다독여 준다.

축하받는 결혼도 그렇지 못한 이혼도 본인의 선택일 것이다. 어쩌면 선택이 아닌 주어지는 몫인지도 모른다. 영원할 듯 맺어진 연분이 두 동강나는 일도 주변에서 심심찮게 본다. 그럴 때 사랑이 담기지 않은 반지는 구속일 뿐, 그들 첫 마음은 남아 있지 않을 것이다. 억지 인연이란 없듯 사람 의지만으로 그 사이를 이어갈 수 없는 불가항력인 일도 있다. 부부 연이 다해 한쪽 날개가 부러지는 경우다. 어떤 연유로든 부부관계의 파기는 괴롭고 가슴 아픈 일이다.

좀 먼저 살아온 인생 선배로서 결혼식을 지켜보면 이런 저런 감회가 밀려든다. 신출내기 부부로서 많은 시행착오를 겪게 되겠지만 지혜롭게 헤쳐나가기를 바란다. 거문고와 비파가 어울려 아름다운 합주를 만든다는 금실지락琴瑟之樂처럼 사는 내내 금실로 화합하기를 바란다.

"당신의 결혼을 진심으로 축하, 축하합니다."

이렇게 마지막 노래가 끝나고 많은 축복을 받으며 한 가정이 탄생한다. 이 혼인의 증인이 되었으니 그들 앞날을 지켜봐 줄 책임도 동반된다. 만만치 않을 세상살이를 향해 첫발을 내딛는 부부 앞날에 꽃길이 환히 열려 있다. 세상에 신고식을 치른 신랑 신부가 당당한 부부로서 그 꽃길을 행진한다. 축하와 격려의 박수 소리가 쏟아지고, 스테인드글라스 창문 가득 그분의 축복 같은 빛이 눈부시게 들이친다.

축하 박수와 축복의 빛이 차츰 내게로 옮아온다. 뭉클해진다. 반지는 간직할 걸 그랬다.

보리밭을 흔드는 바람

보리밭에 살랑대며 봄이 오고 있다. 모진 겨울을 견딘 보리도 훈풍에 부들부들 몸을 푼다. 밭둑마다 논냉이, 씀바귀, 자운영, 지칭개 같은 풀들이 봄 향을 풀어 제친다. 희고 붉은 봄꽃은 푸릇한 보리에 대비되어 더욱 앙증스럽고, 바람은 풋내를 실어 나른다.

녹색은 푸르고 따뜻한 생명의 길이다. 보리밭 녹색은 꽃밭보다 풋풋하고 싱그럽다. 삭막한 겨울 들판을 푸르게 지킨 데는 보리의 공이 크다. 밟히고도 꿋꿋이 일어서는 강인한 기질의 보리 싹은, 돌보지 않아도 잘 크는 천덕꾸러기처럼 꿋꿋하게 자라 향수를 자옥이 불러일으킨다.

이런 굳센 보리도 겨울 서릿발에 성글어진 뿌리를 자근자근 다져줘야 한다. 그것은 한파에 들떠 뒤숭숭한 뿌리를 잘 다독여 땅에 뿌리내리게 하는 일이다. 겉으로야 매서운 추위에도 끄떡없는 성싶지만, 기실 그 뿌리 속엔 숭숭 바람이 드나들고 있는 게다. 보릿고개를 넘던 우리 부모들 가슴팍을 드나들었을 냉기 머금은 바람처럼.

가을보리는 한 해 농사를 갈무리하는 가을에 오히려 씨앗을 뿌린다. 모태에 뿌려지는 일부터 생뚱맞다. 밟아줘야 제대로 뿌리를 내리는 속성도, 밟으면 멍들어 죽는 다른 농작물에 비해 별나다. 그 끈질긴 생명력은 숱한 비바람을 헤쳐나온 우리 민족의 운명과 어쩔 수 없이 닮았다. 한으로 얼룩진 역사와 함께 살아남은 춘궁기의 연명 줄이었던 보리. 밟을수록 꿋꿋한 보리와, 밟힐수록 들풀처럼 일어난 우리 민족 사이엔 떼어놓을 수 없는 끈끈한 공통분모가 있을 법하다. 그것은 오랜 세월 일방적으로 당해온 약자의 서러움 같은 것이 아닐까.

보리밭에서 깜부기를 빼놓을 수 없다. 깜부기는 보리가 되기를 포기한 보리다. 손끝으로 살짝 건드리기만 해도 생명 같은 까만 분가루를 부스스 날리는 가녀린 존재다. 알곡이 되지 못하고 곯아버린 깜부기는, 일제강점기라는 수십 년 울분을 삼켜 속이 까맣게 타버린 민족의 모습이다. 그 깜부기가 없는 보리밭은 허수아비 없는 들판처럼 심심할 것 같다.

어느 시골 들녘에서였다. 보기만 해도 가슴이 풍요로워

지는 보리밭이, 융단을 깔아놓은 듯 들판 가득 바람에 넘실댔다. 푸른 보리의 물결이 고향 피붙이처럼 발길을 끌어당겼다. 이랑마다 튼실하게 자란 보리가 바람에 굼실굼실 휘고, 이삭이 막 핀 파스텔 색조의 녹색 보리는 서로의 몸을 쉴 새 없이 비볐다. 보리밭 앞에 선 내 가슴도 초록으로 물들고 편안해졌다.

보리밭 에로티시즘을 표현한 화가 이숙자의 〈이브의 보리밭〉이 떠오르고 태양처럼 이글거리는 보리밭을 그린 반 고흐의 〈까마귀가 있는 보리밭〉 그림도 잠시 연상됐다. 배고픔과 가난을 상징했던 보리는, 보리를 사랑한 한 화가의 손끝에서 화려하게 피어났다. 꽉 찬 생명력을 표현하고자 낱알 하나하나에 쏟는 붓질만 수십 차례, 삼십 년 넘게 보리를 그렸지만 아직도 성에 차지 않는다는 화가다.

그가 보리이삭을 묘사해낸 세밀함의 정성은 가히 탄성을 자아내게 한다. 화가의 보리에 대한 애착과 정서가 밑바닥에 없이는 쉽지 않을 것 같다. 한국적 서정과 민족의 슬픔이 배어 있는 보리밭 그림을, 그토록 오래 그려온 화가의 보리 사랑에 공감하는 바 크다.

싱그러움이 절정에 달한 청보리밭을 오월의 바다에 비유하는 시인도 있다. 아닌 게 아니라 눈앞에서 넘실대는 보리밭이 바로 바다가 아닌가. 살랑대는 바람 따라 쏴, 쏴… 보리가 파도처럼 이리 쓸리고 저리 드러누웠다. 폐부 깊숙이

들이마시는 바람에서 상큼하고 비릿한 풀냄새가 났다.

애잔한 한 영화의 영상도 떠오른다. 영화 〈보리밭을 흔드는 바람〉은 영국의 켄 로치 감독이 만든 시대극이다. 너무나 안타깝고 억울하게, 피할 수 없는 쓰나미 같은 시대의 소용돌이에 휘말린 두 형제의 엇갈린 운명이, 아일랜드 녹색 산천을 배경으로 담담하게 펼쳐진다. 보리밭에 부는 실바람처럼, 그러나 거역할 수 없이 휘몰아친 운명처럼 격렬하게.

영화에서 보리밭은 어디에도 등장하지 않는 민초와 평화의 상징물일 뿐이다. 평화로운 보리밭을 휩쓴 바람은 아일랜드를 송두리째 흔든 이념의 바람이었다. 한 마을에서 자라온 이웃과 형제끼리 서로 죽이고 죽는, 가슴 저 밑에서부터 조금씩 고여 오른 눈물이 끝내 핑 솟는 아릿한 영화다.

오랜 지배를 받은 쓰라린 경험이 있는 아일랜드와 한국. 동류의 역사를 지닌 두 나라에게 보리밭은 정겹지만 애틋함의 상징이기도 하다. 묻어둔 화로의 불씨처럼, 잠재운 아픔을 일깨우게 한다. 아시아의 IT강국 한국과 유럽의 IT강국 아일랜드 성장 밑거름에는, 두 민족에게 불도장처럼 새겨진 역사적 상처와 그 절박한 인고의 삶을 버티게 해 준 보리의 힘이 컸을 것이다.

보리밭은, 고향 들이건 어느 들에서건 걸음을 멈추고 돌아보게 한다. 속마음 털어놓아도 좋을 친구처럼 마냥 푸근

한 보리밭을 집안에 들여놓고 싶어졌다. 찍어온 보리밭 사진 중 크게 인화할 것을 이것저것 고르다가 아예 밭이랑에 퍼더앉고 만다. 보리밭에서 시간 가는 줄 모른다. 바람이 흔든 것은, 삼단 같은 보리 결이 아니라 유년의 보리밭에 불쑥 눌러앉고 만 내 마음이다. 그 그립고 늘 푸른 보리밭의 이브로 돌아가고 싶어진다.

옹크렸던 마음에 봄이 오고 있다. 보리가 알곡을 꿈꿀 때다.

태극기 휘날리고

광복절에 우리 가족도 해방이 되었다. 고운 정보다 미운 정이 더 들어 징글맞은, 스무 해 산 집에서 벗어났다. 긴 세월에 모서리가 닳은 세간의 반은 버리고, 반은 주섬주섬 이사 차에 싣고 새 보금자리로 떠나왔다. 우리나라가 일제 강점기에서 해방된 지 64주년이 되는 날이었다.

세간이 다 빠져나간 집을 둘러본 뒤 이웃해 산 노인을 찾아가 작별인사를 했다. 가까이서 산 세월만큼 서로의 궂은일 다 지켜본 노인 눈에 금세 물기가 돈다. 건강하시라며 돌아서는데 뒤에서 옷자락을 잡는 듯하다. 오만 가지 감회로 달막거리는 심정을 지그시 누르며 이사 차 조수석에 앉았다.

세간을 실은 차는 살던 동네를 굽실굽실 돌아 나왔다. 이

사 올 때부터 있던 동네 미장원이며 세탁소며 문구점을 지났다. 우환을 질펀히 겪은 곳이라 기실 한시라도 빨리 벗어나고 싶었다. 우리 가족에게 굵직한 상흔을 남긴 곳이기도 하고, 아이들이 잘 자라준 애틋한 곳이기도 했다. 이윽고 동네를 다 벗어난 차는 이제 거치적거리는 것 없다며 시내를 씽씽 달리기 시작했다. 광복절 공휴일의 도로는 막힘없이 뚫려 있었다. 꿈같기도 하고 잠깐 동안의 착각 같기도 한, 눈앞의 일들이 실감나질 않았다.

스쳐 지나는 차창 밖을 감회에 젖어 바라보다, 도로변에 벌어진 한 풍경에 나도 모르게 쾌재를 외칠 뻔했다. 태극기가 길 따라 도열해서는 일제히 손 흔들며 새 출발을 환영하고 있는 게 아닌가. 무슨 일인가 하고 정신 차려보니 광복절이다. 그동안의 태극기는 그냥 우리나라를 상징하는 태극기일 뿐이었다. 가로수이거나 가로등처럼, 오며가며 시시때때로 보는 눈에 익은 깃발이었다. 요즘은 디자인에 응용되기까지 하는 그냥 국기였다. 그런데 우리 가족이 새 둥지를 틀러 가는 길의 태극기 물결은 나를 격려하며 나부끼는 희망의 깃발이었다.

아! 누구인가?/이렇게 슬프고도 애달픈 마음을/맨 처음 공중에 달 줄을 안 그는.

끝없이 비상하면서도 늘 깃대에 묶여 있는, 슬프고도 애달픈 청마의 〈깃발〉이 아니었다. 비상하려는 한 가족에게 보내는 진심어린 갈채였다. 그들이 보내는 '소리 없는 아우성'이 귓전에 쟁쟁하게 들려왔다. 보름 사이에 어금니가 세 개나 뽑혀나가는, 우주의 흔들림에 비유하며 견뎌낸 나에게 보내는 격려였다.

살아가며 드나들고 싶지 않은 곳이 있다. 병원과 법원, 경찰서다. 병원은 몸이 아플 때 가는 곳이다. 법원이나 경찰서는 어떤 분쟁이나 법적인 일과 연상 지어진다. 생각하는 것만으로도 썩 달갑지 않은 기운이 덮친다. 그런 곳에 가면 어느새 마음이 움츠러든다. 그런데 이 세 곳을 두어 해 동안 뻔질나게 들락거렸다. 집이 재개발과 연관되어 법적으로 해결해야 할 일이 있어서, 또 그 판결을 받아 다른 해결의 근거로 삼아야 했기 때문이었다.

염치를 차리고 여유부릴 때가 아니었다. 무료법률상담소를 찾아다니고, 인터넷으로 배우고 발로 뛰며 막막한 벽을 넘기 위해 더듬었다. 법 앞의 무지로, 집안에 법조계에 몸담은 사람 하나 쯤 있었더라면 하는 생각이 간절했다. 결국 다 해결됐다. 병원과 법원, 경찰서와 얽혔던 일에서 벗어났다

한시름 놓았다고 맘 놓고 있을 새가 없었다. 이사를 해야 했다. 집에도 임자가 있다더니. 여러 달 집을 보러 다녔지

만 이런저런 사정이 맞지 않더니, 기다린 보람이 있어 원하던 지역에 집을 구할 수 있었다.

이사 날을 잡고 짐 정리를 하던 어느 날 저녁이었다. 초저녁부터 조금씩 꿈틀대던 치통이 밤이 깊어가며 정도가 심각해졌다. 괜찮겠지 하고 진통제를 먹었다. 그러나 치통은 이제 시작에 불과하다는 듯 약 효과도 없이 강도를 높여갔다. 머리가 터질 것 같았다. 몸서리를 치다 119에 전화를 했다. 그러나 치통에 대한 도움은 별로 줄 게 없다며 관련 병원만 일러주었다. 그 밤을 꼬박 앓았다.

지옥은 바로 치통 속에 있었다. 출산의 고통보다 지독하다는 생각이 들었다. 한 번 들쑤셔진 통증은 쉽게 물러서지 않았다. 끈질기게 달라붙어 괴롭히는 비호감형 사람 같았다. 보름 만에 사랑니 한 개와 어금니 두 개를 뽑고서야 치통은 끝이 났다. 치아는 스무 해 동안 산 집을 떠나는 것을 아는 양, 갈 거면 지난 흔적까지 깡그리 뿌리 뽑고 가라는 듯했다.

그렇게 희로애락 묻은 집을 떠나온 날이 나라의 주권을 다시 찾은 광복절이었다. 그 좋은 날 이사 차를 환호하던 태극기 물결 속에, 휴일 한산함으로 훤히 뚫린 새 보금자리로의 행진이었다. 떠나오는 쓸쓸함보다는 새 출발을 축복해 주는 태극 행렬이 뭉클한 감격으로 가슴 가득 펄럭였다. 태극기는 너무 좋음도 아주 나쁨도 영원한 것은 없다는 초연함으로 나부꼈다.

어느 철학자는 필연적으로 기가 모여 만물을 이룬다고 했다. 모든 일은 그 자리에서 어느 날 문득 시작된 게 아니라, 그 이전부터 서서히 그렇게 되도록 만들어진다는 것이다. 지금 일어나는 기쁘거나 슬픈 일도 다, 지난 어떤 것으로부터의 이어짐이니 너무 기뻐하지도 너무 슬퍼하지도 말라는 것이다.

그래도 기쁜 일엔 기쁘고 슬픈 일엔 슬퍼지는 것이 사람 본연의 감정이다. 나도 감정 따라 기분이 좌우되는 연약한 인긴일 뿐이다.

살아가며 광복절의 태극기를 잊지 않을 것이다. 끝없이 깃대에 묶여 애달픈 깃발이 아닌, 환호하던 희망의 깃발로 기억하려 한다.

마애불이 웃었다

가끔 산사에 간다. 나는 불심이 돈독한 불자도 아니다. 산행하는 목적이 먼저지만 산사가 주는 한적하고 고즈넉한 풍취가 좋아서다. 산자락에 폭 싸인 절은 작고 아담할수록 마음에 끌린다. 남의 집 대문 들어서듯 주뼛거리며 경내를 기웃거리다 냉수 한 모금 마시고 마음을 가다듬는다. 산속 절 하나 만나지 못한 산행 날은 보너스 찬스를 놓친 듯 허전하다.

산사에서 하는 일이 부처께 삼배를 드리는 일도 아니다. 다만 대웅전 문전에 공손하게 서서, 꿇어 엎드려 부처를 간곡히 공경하는 불자를 흘깃거리며 묵례 정도 하는 게 다다. 또 경내를 어슬렁대다 고작 카메라 렌즈를 들이대는 일이 긴 하다. 혹, 불자가 아니라고 드러내는 꼴이 될까 몸가짐이 조심스럽다. 불자와 불자가 아닌 사람은, 하는 행동으로 대충 구별이 되는 것 같다. 단순한 관광객인지 불공을 드리러 온 사람인지, 스님을 대하는 태도와 몸가짐이 달리 보이지 않겠나 싶다. 여느 관광지에 온 듯 목소리를 높인다거나 조심성 없는 행동을 할까 신경을 쓴다.

산에 즐겨 가던 어느 날이었다. 그날도 그리 썩 높지 않은 어느 산의 고갯길을 막 넘어가던 중이었다. 총총히 걸음을 옮기는데 문득 뒤통수에 닿는 강렬한 시선이 느껴졌다. 고개를 갸웃하며 가던 걸음을 멈추고서 뒤를 돌아보았다. 그것이 처음엔 초점 맞지 않은 렌즈 속 피사체처럼 흐릿하게 보였다. 정신을 차리고 찬찬히 눈을 맞추자 그곳엔 뜻밖에도 돌을새김의 내 키만 한 마애불이 서 있었다. 내 눈과 딱 마주치자 글쎄 마애불 눈이 하회탈처럼 아래로 반원을 그리고, 입 꼬리는 위로 추어올리고서 활짝 웃는 게 아닌가.

꿈에서 돌부처 미소를 본 후 좋은 예감이 지속되었다. 힘차게 비상해 보라고 보내는 희망의 메시지였을까. 이 행운을 입으로 떠벌리면 미소의 효과가 사라질까 말을 아꼈다.

꿈을 꾸고 난 뒤 막연한 기대감에 젖었다. 왠지 좋은 일이 생길 것 같은 느낌이 연일 따랐다. 연모하는 이로부터 고대하던 연정의 편지를 받은 기분이랄까. 아무튼 기분 좋은 꿈이었다. 그리고 꿈 덕분이었을까. 연거푸 행운이 따랐다. 극히 낮은 확률을 가지고 도전한 일에 행운의 화살이

날아들었고, 그 덕분에 내가 원하던 바도 이루었다. 지금도 그때 마애불이 내게 지은 미소는 내가 받을 선물에 대한 어떤 징조였다고 믿는바 크다. 이후 대충 보던 마애불을 보는 시각이 살가워졌다. 감정 없는 차가운 돌조각에 불과하던 것에 교감이 일어났다고나 할까. 마애불 눈과 입 꼬리를 눈여겨보며 꿈 속 미소를 더듬곤 한다.

그 후 칠불암을 몇 번 드나들었다. 칠불암 가는 길목엔 흔히 볼 수 없는 광경이 하나 있다. 그것은 절로 가는 산길 초입에 놓아 둔 빈 지게와 배낭, 스무 장 안팎 쌓아놓은 기왓장이다. 딱히 주인이 있어 보이지도 않는다. 자동차도 다니지 않는 길이니 이왕 절에 오는 걸음에 한두 장이라도 지고 올라와 달라는 뜻으로 보인다. 그러나 사람들은 한번 거들떠보고는 그냥 지나친다. 멈칫멈칫하며 지나치는 것은, 짐을 지고 갈 마음이 없어서가 아니라 무게를 감당할 자신이 없어서일 것이다.

한데 어느 날, 누구도 지고 갈 것 같지 않던 짐을 지고 앞서 가는 사람을 보았다. 그는 차츰 가팔라지는 산길을 오르고 있었다. 맨몸으로 오르기에도 숨이 찬 산길에서 짐 진 사람을 눈앞에서 보니 정신이 화들짝 들었다. 지고 가는 이가 없을 거라고 여겼던 예상이 빗나간 놀라움이라기보다는, 법당에 꿇어 엎드린 사람처럼 온전히 자신을 바친 그 희생에 대한 일종의 충격이었다. 남자는 지게에 기왓장을 가득 재여 지고 한 발짝씩 땅을 꾹꾹 눌러다지듯 산을 올랐다. 반바지 차림에 심줄이 불끈 도드라진 장딴지가 지게에 진 짐의 무게감을 드러냈다. 십자가를 진 예수처럼 남자는 묵묵히 대나무 숲으로 들어섰다. 대나무 터널만 지나면 칠불암이 나온다.

이들의 공덕이 쌓인 결과인지 국가 보물이었던 '경주 남산 칠불암마애석불'이 그 명칭도 '경주 남산 칠불암마애불상군'으로 바뀌며 국보로 승격했다.

칠불암 가는 길엔 일주문도 천왕문도 없다. 지게가 놓여 있던 곳이 일주문이고 절 아래 울창한 대나무 숲이 천왕문이다. 짐 진 남자가 지나간 대숲 천왕문을 지난다. 무섭게 생긴 사천왕상은 없지만 마음을 차분히 여민다. 대숲이 끝나자 화사한 햇살이 한꺼번에 쏟아지더니 칠불암 암자가 하늘 아래로 해말간 모습을 드러낸다. 서둘러 절 마당에 올라서자 산자락에 자리한 마애불 바위가 눈길을 사로잡는다. 큰 바위벽의 삼존불과 그 앞 사각바위 사면에 사방불이 한여름 태양 볕에 나뭇잎 그늘도 하나 없이 온전히 노출되어 있다. 빛의 방향에 따라 보는 각도에 따라 불상 표정이 달리 보인다. 나는 어느새 꿈 속 마애불 미소를 더듬고 있다.

이들 불상에 간절한 소망을 담아 쪼았을 신라인의 숨결이 바람결에 스치는 듯하다. 역사의 비바람에도 굴하지 않고 중생을 제도했을 불상 군. 그들이 버텨온 아득한 역사 앞에 묵념한다. 현대의 경주인도 옛 신라인처럼 숲길을 고행하듯 걸어 올라와 간절한 맘을 이 앞에 풀어놓았을 것이다. 그들을 이곳까지 오게 한 힘의 원천은 무엇일까. 자신을 구도의 도구로 삼아 기꺼이 기왓장을 지고 올라 온 그 남자는 답을 알고 있을 것 같다.

뜻밖에 점심 공양까지 했는데 앳된 비구니 스님이 차를 내놓는다. 사양도 하지 않고 불당에 넙죽 앉았다. 전면이 활짝 트인 한쪽 창으로 일곱 마애불이 온전히 들어온다. 그 창문 아래 제단이 차려졌다. 법당에 부처를 모신 게 아니라 천 년 전에 모신 자리 그대로의 부처를 모신다. 마애불을 빚던 먼 신라인의 관경觀經 소리가 가물가물 들리는 듯하다.

돌에도 피가 돈다던가. 살아있는 듯 생생하던 석상의 미소가 아른거린다. 나를 여전히 꿈꾸게 하는 미소다.

추락할 때의 간절함으로

위험한 순간은 예고 없이 덮친다. 전혀 엉뚱한 곳에서, 전혀 상상하지 못한 일이 자신에게 닥칠 줄을 누군들 짐작하랴. 사람들은 남의 일로만 여기던 고난을 겪으며 성숙해지는 것 같다. 한 고비를 무사히 넘긴 것에 대해 감사하는 마음과 삶에 겸손해지는 자세 등이 그렇다.

생명이 위태했던 순간이 내게도 있었다. 고등학교 2학년 종업식 날이었다. 3층 복도 유리창 딤딩이이서 창 바깥 유리를 닦으려고 건물 외벽 좁은 발판으로 내려서던 중이었다. 몸이 중심을 잃었다. 그도 그럴 것이 일 미터쯤 아래에 있는 난간은, 등을 건물 바깥쪽으로 하고 창틀에 바짝 엎드려 조심조심 발을 디뎌야 할 곳이었다. 그런데 일이 그렇게 되려고 그랬던지 별 생각 없이 바깥쪽을 향해 폴짝 뛰어내렸다.

아니나 다를까. 몸은 뛰어내린 반동으로 건물 외벽 좁은 발판에서 중심을 잃고 흔들렸다. 순간 사색이 되어 거미줄이라도 잡으려던 내 눈에 보인 건, 알루미늄 난로 연통과 시멘트벽뿐이었다. 위태하게 흔들거리던 두 발은 이내 그 좁은 곳을 이탈하고 있었다. 차라리 작정하고 뛰어내렸더라면 심신의 충격은 덜했을지 모른다. 떨어지지 않으려 안간힘 쓸 때 내려다뵈는 땅까지의 거리는, 올려다볼 때보다 훨씬 높아 보였다.

똑같은 시간도 처한 상황에 따라 달리 느껴진다는 걸 그때 알았다. 고통이나 끔찍한 충격이 예고된 시간은 최고도의 긴장감을 안겼다. 세상 시계는 멈추고, 흐름도 멈춘 채 바닥에 닿는 공포의 순간에 맞닥뜨렸다.

절벽에서 발을 헛디딘 섬뜩한 느낌이 그랬을까. 어떤 물건을 떨어뜨린다면 몇 초 걸리지 않을 높이에서 1초, 2초… 몸이 공중에 떠 있는 시간은 너무나 무섭고 길었다. 죽고 사는 문제는 이미 내 의지 밖의 일이었다.

그 짧은 시간에 여러 생각이 한꺼번에 비집고 들어왔다. 막상 땅에 떨어질 순간에 대한 극심한 두려움과 공포에 떨었다. 기도가 뭔지도 모르면서 생전 찾지도 않던 절대자에게 매달렸다. '하느님 살려주세요. 살려주세요.'라고. 화살기도를 알기도 전에 해 본 화살기도였다.

숨도 못 쉬고 긴장한 때였다. '퍽'하고 학교 건물 뒤쪽 공꽁 언 땅 위로, 몸 어느 부위인지는 모르겠지만 둔탁하게 부딪는 소리를 들었다. 몸이 느끼는 통증이라든가 아픔 같은 아무런 감각 없이 가물가물 눈을 뜨니 노란 하늘에 현기증이 일었다. 저만치 위 복도 창문에서 내 이름을 부르며 울부짖는 짝꿍의 입 모양이 보였다. 의식을 잃기 전 퍼뜩 스친 생각은, 살았구나 하는 거였다.

척추에 금이 가는 부상을 입고 읍내 종합병원에 입원했다. 동네 친구를 통해 급보를 받은 어머니가 새파랗게 질린 얼굴로 병실에 들어섰다. 어머니에게는 자식을 키우며 가슴 쓸어내린 순간이었을 것이다.

고층 아파트에서 창밖을 내려다볼 때 끔찍한 상상을 할 때가 있다. 이 창에서 떨어지면 과연 몇 초 만에 떨어질지, 몸의 어디부터 닿고 누가 나를 발견하게 될지를. 그러다 그런 상상을 하고 있는 사실에 깜짝 놀라 진저리친다. 그때 떨어진 기억은 후유증이라는 이름으로 내 무의식을 지배하고 있는 모양이다.

때로 삶의 나침반이 제 역할을 하지 못해 항해 방향을 벗어나기도 한다. 어쩌면 의지대로 가지 못할 때가 더 많은지도 모른다. 대비 없이 때 아닌 폭우를 만나는 것처럼 살아가며 위태한 일과 대면한다. 맨살에 내리쬐는 폭염처럼 가혹하고, 쉬 벗어날 수 없는 불가항력인 때는 어디 없던가. 순리대로 순하게 살자 마음먹는 편이 더 지혜로울지 모르겠다.

내 자리가 있다. 내가 사랑하고 나를 사랑하는 사람들이 있다. 보이지 않게 연결된 인연과 관계들이 있어 적잖은 위안이 된다. 그래도 사는 일은 늘 조마조마해 살얼음 위를 걷는 듯하다. 등산 후 하산할 때처럼 매사에 발을 조심조심 내딛는 심정이 된다. 무탈함에 감사하고, 궂은일이 생기면 더 나쁜 상황이 되지 않음을 다행으로 여긴다.

가끔 요통이 찾아온다. 잊을만하면 찾아와 추락할 때의 절박함을 상기시킨다. 그때의 기도를 잊지 말라고 척추가 보내는 메시지라 여긴다. 짬짬이 화살기도를 된다. 지금 이만한 것에 감사하다는 답신이다.

Serenade

꽃다발 하나가 수줍게 고개를 들이민다. 꽃나빌이 아니라 뭉뚱그려 움켜진 꽃묶음이다. 술기운으로 달아오른 남편 얼굴은 뒷전이고 내 시선은 꽃에 쏠려 있다. 생전 하지 않던 그의 행동에 가슴이 콩닥거리고 잔잔한 흥분이 인다.

꽃을 들고 온 것이 머쓱한지 그 몸짓도 어색하다. 새카맣게 그을린 그의 얼굴과 화사한 꽃을 번갈아 바라보던 나도 잠시 주춤거린다. 감정표현이 서툰 그에게도 꽃이란 것이 눈에 들어왔던가 싶다. 구릿빛 얼굴을 배경으로 더욱 함초롬한 꽃이, 어서 받아달라고 바라보는 눈길이 애절하다.

그의 손에 불끈 쥐였던 꽃이 내 가슴에 덜렁 안긴다. 얼떨결에 내 품에 안긴 백합과 장미에서 감미로운 향이 솔솔 핀다. 꽃이 투박한 손에서 벗어나 이제야 숨 좀 쉬겠다며 나풀나풀 향을 푼다. 보아하니 개업한 가게의 화환에서 뽑아왔음 직하다. 어찌되었건 그로부터 꽃 한 송이 받아본 기억이 없는 나는, 생전처음이라는 데 의미를 새기고 있다. 평소 드러내지 않던 마음의 꽃일 것이라 여긴다. 풀풀 풍기는 술 냄새도 꽃향기에 묻힌다. 취한 손아귀로 꽉 쥐었을 꽃줄기에 짙은 멍이 들었다.

화환에서 뜨거운 한나절을 버티었을 꽃이 안쓰럽다. 늘어진 이파리와 시든 꽃을 물에다 풍덩 담가주고 싶어진다. 여과되지 않은 땡볕을 너끈히 견뎠을 그의 모습이다. 그는 어쩌면 동병상련의 마음으로, 뿌리 댕강 잘려 화환에 장식된 꽃을 거두어 왔는지도 모른다. 처진 줄기와 잎을 떼어내고 물 담은 꽃병에 얼른 꽂아 준다. 그리고 아무렇지 않은 듯 저녁상을 준비한다.

꽃 한 송이도 쑥스러워 들고 오지 못한 사람. 생일 때조차 엎드려 절 받기로 언뜻언뜻 언급해도 눈 딱 감고 빈손으로 오는 사람. 그런 그가 뭇 시선도 아랑곳하지 않고 꽃을 뽑아 들고 오는 상상을 하니, 세월 따라 사람도 변하는가 싶다. 비록 개업 가게의 꽃일지언정 챙겨온 마음은 고스란히 담아놓는다.

언젠가 버스정류장에서다. 자동차도 제 집을 찾아 종종걸음 치는 이슥한 시간이었다. 어디선가 쓰러질 듯 비틀거리며 술 취한 한 남자가 나타났다. 남자는 전봇대 앞에서 걸음을 멈추더니 흐느적거리는 몸을 쓰러지지 않으려 안간힘을 썼다. 버스를 기다리던 사람들 시선이 그 남자에게로 쏠렸다. 설마 전봇대에다 윗옷을 벗어 거는 건 아니겠지. 야릇한 기대와 우려도 잠시, 남자 몸을 애써 지탱하던 무릎이 풀썩 꺾이면서 시멘트 보도블록에 그대로 주저앉아 버렸다.

남자는 앉은 채로 잠이 들었는지 바닥에 닿을 듯 숙인 얼굴은 꿈쩍하지 않았다. 꿈결처럼 실루엣으로 스쳐 지나는 사람들이 보든 말든 에라, 모르겠다. 될 대로 되어버려라. 뜻대로 되지 않는 취한 세상아, 핑핑 돌아라. 자동차 경적소리를 가물가물 들으며 세상을 향해 소리치고 있을지도 몰랐다. 혹 아슬아슬 버티던 이성의 한 가닥 끈마저 끊겨, 무성영화 같은 도심의 밤하늘을 환각 상태로 훨훨 날고 있지는 않았을까.

문득 술에 의식이 해체되어 버린 사람의 머릿속이 궁금해졌다. 고달픈 현실로 퍼뜩 돌아오고 싶지 않아, 알코올을 핑계 삼아 버젓이 의식을 놓아버리는 건 아닐지.

말끔한 양복과 와이셔츠, 검정색 양말과 구두. 나는 왜, 그 남자를 기다리는 여자가 생각났는지 모르겠다. 그뿐만이 아니다. 안팎 체통도 내던지고 길바닥에 철퍼덕 자신을 던져버린 남자에게서 턱없이 내 남편을 떠올리고 있었다. 세상에 술이라는 게 없다면 좀 삭막할까. 삶의 윤활유처럼 술을 즐겨 마셔 온 남편도 취해 저런 모습으로 퍼더버린 적은 없을까. 생각이 거기에 미치자 남자를 일으켜 세우고 싶은 충동이 불쑥 일었다.

그때 남자 양복 주머니에서 남자를 애타게 호출하는 전화벨이 울렸다. 전화는 저 혼자 울다 멎고, 다시 울리다가 멎었다. 시간이 꽤 지났을 즈음 남자는 뭔가 생각난 듯 벌떡 몸을 일으켰다. 그리고는 멀뚱멀뚱 기억의 나침반을 더듬는가 싶더니 왔던 곳으로 되돌아 멀어져 갔다. 고개를 푹 꺾은, 익숙한 뒷모습을 한 남자가 비틀비틀 걸어가고 있었다.

남자의 모노드라마는 어떻게 막이 내렸을까. 그 남자도 집으로 가는 길 어디쯤의 개업 집 화환에서 꽃 한 줌 뽑아 들고 간 것은 아닐까. 꽃부터 쓱 들이밀면 얼큰한 얼굴이 문제되랴.

나는 웬 꽃인가 묻지 않았다. 그도 꽃에 대해 아무 말이 없다. 그러나 다음 날도 그다음 날도 꽃은 꽃병에서 화사하다. 한동안 집안을 환하게 밝혀줄 게다. 가끔, 시든 꽃을 골라내고 꽃을 좀 더 오래 보려고 물에 얼음도 띄워 준다. 꽃을 안겨준 마음에 대한 답례다. 이런 속내를 그가 알 리 없다. 그래도 우린 무심한 듯 아닌 듯 스물 몇 해를 나무처럼 마주보며 살아왔다.

그의 얼근한 얼굴이 불쑥 들어설 것만 같은 저녁 무렵이다. 이제 내가 꽃다발을 준비할 때다.

관계망

주변은 관계의 망으로 엮였다. 사는 일은 거미줄처럼 연결 망이 확장하거나 축소되는 현상의 연속인 것 같다. 살아가며 종종 새로운 망이 형성되기도 한다. 일회성으로는 아쉬워 좀 더 장기적인 결속을 다져보자는 합심의 결과다. 굳이 이탈할 명분이 없을 때 발을 걸쳐놓는다. 연륜을 더할수록, 사회 활동 반경이 넓어질수록 망의 폭도 비례한다.

이 망에는 물리적, 심리적으로 가까운 사람만 엮이는 게 아니다. 썩 친숙하지 않다거나 거리를 두게 되는 서름한 사이도 함께한다. 마음이 편하게 섞이는 곳이 있는가 하면 빠져나오지 못해 머무는 곳도 있다. 언제 보아도 격의 없이 반가운 사이가 있고, 만나는 횟수가 뜸해가다 종내 발길을 끊는 관계도 있다. 자신이 소속된 망에 대한 애착 여부보다는, 구성원 간 친밀도가 더 크게 작용하는 것 같다. 그 안에서 존재감을 갖거나 마음을 두는 비중의 차이는 다 제 하기 나름이 아닌가 싶다.

서로 같은 위상에 속해있지 않은 관계도 생성된다. 소비자와 판매자, 주인과 손님, 의사와 환자처럼 일상생활에서 맺어지는 관계가 그런 경우이다. 이는 상업관계로부터 신뢰가 밑바탕이 된 인간관계로 진화한 경우라 하겠다. 예사로이 하는 거래 안에서도 실은 보이지 않는 어떤 형성이 일어나는 것이다. 여기에는 회비를 낼 일도 없고 만나는 날짜도 따로 없다. 필요로 하되 서로 부담 주지 않고 지속하는 이런 교류야말로 끈끈한 관계라는 걸 최근 들어 깨닫는다. 한 이웃을 황망하게 잃은 후 든 생각이다

그는 나와 연결된 무선망을 임의로 이탈했다. 나뿐 아니라 모든 관계를 끊고서 홀연히 세상을 등졌다. 사전에 양해라든가 어떤 예고 한마디 없었다며 섭섭했다. 일방적으로 관계파기를 당했다는 생각에 허탈하기 짝이 없었다. 그는 내 주치의 역할을 했던 동네 내과의다. 주치의와 느닷없는 단절은 깊은 박탈감을 안겼다. 그가 의사와 환자사이라는 보이지 않게 약속된 연결고리를 툭 끊어버렸기 때문이다. 그의 깊은 사정을 알 리 없는 난 그러기 직전까지도 그를 찾아갔다. 쓰린 속을 치료받고, 건강검진을 했으며, 자잘한 질병에 대해 상담했다.

큰 병원을 두고 동네 내과에 다닌 데엔 의사 신뢰도가 크게 작용했다. 내 몸을 맡기는 데 신뢰가 그 밑바탕에 깔려야 한다는 게 평소 지론이다. 그 내과의처럼 편안하게 상담하고, 또 치료받을 주치의를 나는 아직도 정하지 못했다. 마음을 의지할 듬직한 의사를 만나지 못했기 때문이다.

내가 속한 모임이나 단체의 모태는 거의 문학과 그 언저리다. 요즘은 규모가 크든 작든 본부를 인터넷상에 둔다. 그러다 보니 홈페이지 가입은 필수다. 가입한 카페나 홈페이지가 개수를 더해간다. 날마다 일일이 클릭해서 상황을 다 돌아볼 시간도 여력도 없다. 관계망이라는 특성은 참여하지 않는다고 닁큼 발 뗄 수 없게 한다. 보이지 않는 소속감과 연대감이 그들과 나를 잇는 끈이다.

이는 모바일에서도 크게 다르지 않다. 휴대폰주소록에는 시시로 전화번호가 추가된다. 너와 나의 관계로 저장되는 번호보다는 생활과 연관된 번호가 많다. 이미 오래전에 볼일이 끝난 번호도 전화기 깊숙이에 저장되어 있다. 다시 찾으려는 기대가 담긴 식당이라든지 한때 다녔던 평생교육원 번호나 콜택시 번호 등등. 이미 관계가 종료된 번호도 삭제하지 못해 미루적댄다. 다시 이어지거나 유용할 때가 있을지 모른다는 일말의 여지 때문일 거다 그래도 곧 관계정비에 들어갈 공산이 높다. 이처럼 나도 누군가에게 별 의미 없이 남거나 지워지기도 할 것이다.

관계 생성 이면에는 소멸도 따른다. 가정에서도 큰 변화가 있었다. 사위를 맞아 장모가 되었고, 첫 손자가 세상으로 와 할미라는 호칭을 달았다. 기쁜 변화만 생긴 게 아니다. 새 생명이 온 대신 나를 세상에 존재하게 한 아버지란 존재가 세상에서 지워졌다. 손자와 아버지는 한 관계망에 속했으면서도 서로 마주친 적이 없다. 달포 사이로 이승과 저승으로 세상을 갈라 서버렸다. 요람과 무덤을 짧은 시간에 왕래하며 인연이라는 것을 새겨보게 됐다.

관계망은 진화하기도, 퇴화하기도 한다. 지금 이 순간에도 관계는 변화한다. 퇴색한 사이는 기억 저편으로 묻히고, 새로운 사이가 어제와 내일을 이어주는 고리가 된다. 그러나 뭐니 해도 서로에게 쌓인 시간을 누를 수는 없다. 오랜 시간을 머금은 장이 깊고 오묘한 맛을 품듯, 사람 간에도 공유한 시간이 서로를 무던히 이어줄 것이므로.

나는 오늘도 관계망 속에서 이런저런 신호를 주고받는다.

설악의 밤

절에서 밤을 보낸다. 뒤척이며 끌어당기는 이불깃 바스락대는 소리가 선잠을 건드린다. 나뭇잎 떨어져 날리는 소리마저 들릴 법한 정적에 쌓인 밤이다.

사위가 적막한 절 잠에 겨우 들었을까. 새벽 목탁 소리가 가물가물 잠 속으로 파고든다. 도량석인가 보다. 산사의 하루를 여는 목탁 소리는 내가 있는 방 앞을 바람처럼 가볍게 지나간다. 아주 조용히 아침을 깨운다. 목탁 소리가 깊은 잠에서 영혼을 불러내는 소리라면, 잇달아 울린 범종 소리는 이제 정신 가다듬어 부처님 전으로 오라는 소리 같다. 채 귀 기울여 듣지 못한 사이, 세상 날것들에 전하는 운판과 목어도 울렸을까.

새벽 불공을 나가는지 옆에서 부스럭거리는 기척을 들으

며 시계를 보니 새벽 세 시 반이다. 이른 새벽 종소리는 저녁 장엄한 소리와는 또 다른 울림이다. 저녁 예불을 알리는 종소리가 하루를 마감하는 심신을 어르는 소리라면, 새벽 종소리는 독경 소리보다 청아하게 정신에 스미는 느낌이다.

절에서 하는 아침 공양도 처음이다. 아침밥이라기보다 새벽밥이다. 하룻밤을 묵은 등산객들이 아침 공양을 하려고 하나둘 공양 간으로 모여든다. 대부분 봉정암을 목적지로 정한 사람들이다. 등산객을 배려해 준비한 주먹밥까지 염치없이 챙겨 5대 적멸보궁 중 한 곳이라는 봉정암을 향해 출발한다. 봉정암은 절 중 가장 높은 곳에 자리 잡았다는 백담사 부속 암자다.

설악 계곡을 따라 산을 오른 지 네 시간여, 부처 진신사리를 모신 불뇌사리보탑이 있는 산 정상에 다다른다. 그곳에서 설악산을 굽어보니, 산은 첩첩이고 구름은 이 산 저 산 위에 두둥실 떠 있다. 설악산이라는 이름처럼 산자락도 위용이 대단하다. 이곳에서 아래를 굽어보니 가슴이 뻥 뚫리고 사람됨도 더 나아질 것 같다. 너럭바위에 앉아 산 아래를 굽어보며 챙겨온 주먹밥을 먹으니 더 부러울 게 없다.

백담사 가는 길은 굽이굽이 심산유곡이었다. 내비게이션이라는 길 도우미가 있음에도 초행길이라 물어물어 도착하니 날은 이미 저물었다. 백담사 주차장에 도착하니 백담사로 가는 셔틀버스는 운행이 이미 끝났다. 승용차도 진입 금지란다. 어둑발 드는 설악산을 지척에 두고 눈앞이 캄캄했다. 백담사에서 일박할 계획이 자칫 틀어질 상황이었다. 그러면 다음 날 새벽 봉정암 가는 계획에도 차질이 생기고 만다. 줄줄이 세운 계획에 차질이 생기게 되었다.

막막하던 차, 궁하면 통한다던가. 역시 차를 놓치고 걸어서 한 시간 반이나 걸린다는 밤 산길을 걸어갈 요량인 스님들을 보자 한 가닥 희망이 번뜻 스쳤다. 우리 일행은 만장일치의 눈빛으로, 외지에서 왔다는 스님 네 분을 구세주처럼 승용차에 모셨다. 순수한 마음이기보다는 승용차 출입을 막는 매표소를 통과할 빌미를 삼기 위함이었다. 매표소 직원에게 간곡히 사정한 끝에 셔틀버스만이 허락된 길을 어렵사리 들어설 수 있었다. 의도야 어떠했든 갈 곳 막막하던 차에 스님들 덕을 톡톡히 보았다.

길을 허락받은 7인승 차는, 헤드라이트 불빛 하나에 의지해 깜깜한 외길 골짜기를 달렸다. 차가 휘어 도는 길에서 무게를 가누지 못해 기우뚱할 때마다 가슴이 서늘해졌다. 그러나 스님이 네 분이나 탔으니 부처의 보살핌이 있지 않을까 하고 믿는 마음이 컸다.

여차여차 백담사 수자상에 도착해서야 안도의 숨을 내쉬었다. 스님들은 저녁 공양부터 해야 한다며 벌써 저만치 가면서 빨리 오라고 손짓했다. 부랴부랴 스님들을 뒤따라가 이미 시간 지난 저녁 공양을 했으니 그 또한 스님들 덕이었다.

그리해서 도착한 백담사 마당에 서니 실감 나지 않는다. 달이 유난히 둥글다 싶더라니, 마침 보름날이다. 그때 주변에서 나지막이 울리는 북소리에 이끌려 어느새 걸음을 옮기고 있다. 북소리의 호흡이 점차 빨라진다. 하지만 고도로 정제되고 절제된 소리임을 알 수 있다. 따라간 소리 진원지는 종각이다. 종각 주위로 사람들이 뿌연 달빛 아래서 가지런히 손 모으고들 서 있다. 그들 사이에 나도 슬며시 끼어든다.

강렬하지만 숨을 가다듬게 하는 한바탕 소리의 파도가 지난 후 잔잔한 두드림으로 이어지더니 이윽고 소리가 멎는다. 밀려왔다 쓸려나가기를 반복하던 법고 소리가 멎자 이제 범종이 울리기 시작한다. 징, 징… 설악 골을 따라 여음이 사라질 즈음이면 또다시 쿵, 하고 심금을 울린다. 머리끝에서 발끝까지 전율이 인다. 칠흑 같은 산중을 밝히는 보름 달빛, 그 고요를 한층 깊게 하는 범종 소리에 만물도 경건해지고 나는 더욱 작아진다. 생전 처음 들어본 조석 범종 소리가 가슴을 울리고 청소까지 해 주었을까. 정화된 감동이 오래도록 이어진다.

봉정암에서 백담사로 내려오다 오세암 이정표 앞에서 잠시 흔들린다. 예까지 와서 지나쳐야 하는 걸음이 못내 아쉽다. 만해 한용운이 밤 좌선 중에 물건이 떨어지는 소리를 듣고, 마음의 문을 열어 의심하던 마음이 씻은 듯이 풀렸다는 오도송을 남겼다는 그 오세암. 그보다는 "밤은 얼마나 되었는지 모르겠습니다. 설악산의 무거운 그림자는 엷어갑니다. 새벽종을 기다리면서 붓을 던집니다."라는, 〈님의 침묵〉을 탈고하면서 남겼다는 이 말이 더 절실하게 다가와서인지도 모르겠다.

인연 있는 중생이 아니면 발길 닿지 못한다는 오세암. 인연 닿을 날을 기약하며 그 이정표를 지나온다.

풍경 한 폭

바람

마지막 수업과 천 원

느티나무처럼

9번방의 선물

카바레 기행

곡哭

쌍화점과 목탁

소양강 처녀

고도孤島 아틀란티카

풍경 한 폭

딩동댕 울리는 확성기 소리가 이른 잠을 깨운다. 농촌 아침을 깨우는 이 멜로디는 곧 방송이 시작됨을 알리는 신호다. 동민 여러분께 알릴 내용이 있을 예정이니 귀 기울여 들으라는 소리다. 이어 확성기를 시험하는 입 바람이 거칠게 두어 번 일더니 아침 방송이 시작된다.

> 동민 여러분, 안녕히 주무셨습니까. 객지에서 고향을 찾아오신 여러분들을 진심으로 환영하는 바입니다. 다름이 아니오라 고향을 찾아온 자녀들이 어르신들께 세배를 드린다고 하오니 모두 회관으로 나와 주시기 바랍니다. 일일이 찾아뵙고 인사를 드려야 하오나….

그가 그대로 전해온다. 닭은 알을 낳은 직후엔 움직이지 않고 잠시 멍하다고 한다. 산고로 인해 잠깐 동안 패닉상태가 되는 모양이다. 알을 낳자마자 냉큼 뺏어오는 것이 닭소리에 잠에서 덜 깬 앞산도 기지개를 켠다. 마을 이장 인우 아저씨는 예순을 넘기고 칠순을 넘겼어도 늘 '인우'다. 내 나이 열아홉 때 내 또래 꽃다운 신부를 아내로 맞았던 농촌 총각이었다. 햇볕에 그을린 얼굴은 투박스러웠지만 다만 겉모습일 뿐, 더없이 순박했다. 그가 그토록 여리고 아리따운 아가씨와 결혼할 수 있었는가는, 당시 동네 친구들 사이에서 끊이지 않는 수수께끼였다. 신방 집을 지나칠 땐 주체할 수 없는 호기심이 치밀어 친구들과 그 집 앞에서 수군대곤 했다. 또박또박 말하는 품이 익숙하다. 제법 이장답다.

우리 집은 마을 회관에 이웃해 있다. 확성기는 회관 옥상에 마을 쪽으로 아귀 같은 입을 벌린 채 늘 대기상태다. 이른 새벽에 울리는 딩동댕 소리에, 동네에서 가장 먼저 깨는 사람은 우리 집 식구들일 것이다. 성능 좋은 확성기 소리는 동네를 한꺼번에 깨우는 자명종이었다.

아버지는 한복차림으로 회관에 나가셨다. 회관에는 장유유서 질서 맞추어 설맞이 인사로 북적댈 거다. 그러나 집안은 평상시나 다름없이 조용하다.

뒤곁에서인가. 닭이 골골대는 소리가 들린다. 알을 낳았나 보다. 잠시 후 어머니가 박 바가지에 달걀을 담아오신다. 날마다 알을 낳아주는 닭이 기특하다는 표정이시다. 달걀껍데기 색이 시중에서 파는 것보다 더 연한 살구색을 띄었다. 만져보니 조그만 게 손 안에 쏙 들어온다. 닭의 온기한테 좀 염치없긴 하다.

회관에 세배 받으러 나가지 않은 어머니는 옷장 문을 열고 옷 구경을 시키신다. 사돈이 사줬다는 빛깔 고운 앙상블, 며느리가 사 준 윗옷, 오래 벼르다 산 밍크 재킷 등. 재킷은 내가 모델이 되어 한 번씩 입는다. 어머니가 시키는 대로 이리저리 몸을 돌리며 모델 흉내를 낸다. 너는 키가 커서 뭘 입어도 어울린다며 쪼그라든 몸으로 뭘 입겠냐며 세월을 한탄하신다.

그때 방문이 인기척 없이 열리더니 아흔 넘은 할머니가 들어오신다. 고향의 낡은 담벼락처럼 오랫동안 보아온, 눈에 익은 모습이다. 동글동글 작고 야무진 얼굴에 평생 쪽진 머리, 단정한 차림새다. 그 깔끔하고 총명하던 할머니도 세월 앞에선 와르르 무너져 치매끼 다분하단 걸 알고 있는 터다. 할머니에게 바짝 다가가 손녀딸을 알아보시겠냐고 여쭈었다. 할머니는 내 얼굴을 가만히 보더니, 아이고 네가 왔냐며 반가워하신다. 마산에 살지 않느냐고, 스무 몇 해 전 내 결혼식 때 오셨던 걸 다 기억하신다.

마을 젊은이들에게 세배를 받으러 나갔던 아버지가 돌아

오시자 점심상을 차린다. 할머니도 두레상 앞 한 자리를 차지하신다. 찌개를 끓이고 국을 데우며 점심 차리기에 분주한 나를 바라보던 할머니가 그러신다. 시집가면 잘 하겠다고. 둘러앉아 밥을 먹는데 또 한 말씀 하신다. 인제 시집가도 되겠다고. 하지만 누구도, 얘는 시집도 갔고 아이도 있다고 대꾸하지 않는다.

할머니 치매든 말년을 어머니가 모셨다. 큰집 작은집 다 두고 오직 우리 집에 계시겠다고 해서다. 친정어머니에게 며느리 노릇 톡톡히 하게 한 할머니는, 당신 아들 둘 먼저 보내고 바라던 영면에 드셨다. 오랜 고향 풍경 하나 사라졌다.

그래도 마을을 울리는 딩동댕 소리는 여전하다.

바람

저마다의 바람이 액자에 걸렸다. 대나무를 간질이는 바람, 잔잔한 호수에 돌돌 물결 일으키는 바람, 꽃잎에 속살대는 바람, 무대의 춤바람, 여인의 봄바람, 어머니의 간절한 바람…. 실체 없는 바람이 각양의 모습으로 전시회 액자 속에 담겼다.

삶 속에 종종 바람이 일었다. 세파의 파랑이 살 만하면 덮치고, 이만하면 되었다 싶으면 불쑥 불어 닥쳤다. 하고 싶고, 이루고 싶고, 갖고 싶고, 가고 싶은 내면의 갖은 바람을 삭이며 살았다. 그때마다 다 지나가리라 다독이며 견뎠다. 잦은 풍파에 무기력해졌지만 완전한 절망에 빠지지는 않았다. 장벽으로 길이 턱 막히거나 벼랑 끝에 서더라도 주저앉지 않고 출구를 찾았다. 시간이 흐르면 막막했던 길이 열리고, 터널 끝 작은 불빛이 나를 인도했다.

속에서 이는 바람을 잠재워야 할 땐 하지 못하는 고통이 수반한다. 나를 생기 차게 하는 욕구를 충족하지 못하면 어깨 처진다. 반생을 건너온 지금 삶에 그럭저럭 만족하는 건, 하고 싶은 일을 찾아 하며 살아서일 게다. 오늘도 나를 부추기는 바람이 끊이지 않고 분다. 제자리에 머물지 말고 나아가라고.

소속해 활동하는 사진동호회의 전시회 주제가 '바람'이었다. 그 바람은 부는 바람[風]일 수도, 마음속 바람[願]일 수도, 또 마음을 흔든 훈풍일 수도 있다. 1월에 주어진 주제를 잡고서 꼬박 한 해를 보냈다. 어떤 바람을 잡을지 가닥조차 잡지 못하고 오리무중인 채였다.

과연 바람을 피사체로 담을 수 있을까. 막상 잡으려 하면 바람의 실체가 묘연했다. 이삭이 막 피기 시작한 보리밭을 휘감는 바람이거나, 5월 초순 물오른 연둣빛 왕버들을 살랑살랑 흔드는 실바람도 좋겠고, 꽃잎이 동동 떠다니는 호수의 가장자리도 떠올랐다. 그러나 눈앞에서 노닐던 바람은 금세 방향을 바꾸어 흔들 거리를 찾아 사라져 버렸다. 마치 운명으로 엮일 사랑을 찾아 끝없이 배회하는 마음처럼.

머물지 않고 사라지는 바람의 실체를 잡으려 할 때면 샬롯 졸로토의 동화 〈바람이 멈출 때〉가 떠올랐다. 아이는 친구들과 놀다가 날이 저물면 마음 아파한다. 왜 낮이 끝나야 하는지, 낮이 끝나면 해는 어디로 가는지, 바람이 그치면 어디로 가는지….

이에 엄마는 눈에 보이지 않으면 소멸한 것처럼 느껴지지만, 실은 소멸과 동시에 또 다른 시작을 하고 있음을 조곤조곤 설명한다. 눈앞에 불던 바람이 다른 대상을 찾아 사라져 버리면 동화 속 아이 같은 질문을 하고 싶어졌다. '바람이 그치면 그 바람은 어디로 가나요?'

바람을 좋아해서일까. 종종 바람을 타고, 내면의 바람도 하나씩 이루며 산다. 결국 '바람'을 담는 액자에는 캘리포니아 해안의 봄바람을 담았다. 매직아워magic hour[1]의 바람이 짙은 음영 속에서 불고 있다. 이국의 바람을 갈망하는 의지의 표현이다.

---

1) 해가 뜨고 지는 전후 30분. 사진이 가장 잘 나오는 시간대.

마지막 수업과 천 원

천 원짜리 한 장을 손에 들고 있다. 지폐 중 가장 가벼우며 기껏 과자 한 봉지정도 살 값어치의 돈에 퇴계 이황 선생이 묵직하게 자리하고 계시다. 지폐 속 위인의 비중이 이리 큰 줄 몰랐다. 퇴계 선생의 눈 아래쪽으로 접었던 흔적이 그대로 남아있다. 그 지폐를 손에 들고 고사리 손의 온기를 너듬는다.

나는 주 5일을 날마다 다른 곳으로 파견수업을 나갔다. 그중 하루는 가장 먼 지역으로 가는 날이다. 오가는 길에만 세 시간가량 소요되었다. 해서 이날은 어디 바람이라도 쐰다는 넉넉한 마음가짐으로 집을 나섰다. 그곳은 감천항이 저만치 내려다보이는 동네 가운데쯤 자리했다. 동네 골목은 두 사람이 발맞추어 걸을 수 없을만큼 좁다. 천마산 산

비탈에 이런 골목을 사이에 두고 한눈에도 좁아 보이는 집이 다닥다닥 붙어 마을이 형성되었다. 집 안쪽이 훤히 보일 만큼 낮은 담장으로 틈 없이 들어찬 산동네다. 그 마을 배꼽지점에 자리 잡은 공부방은 이 동네 아이들이 꿈을 키우고 꽃피우는 안식처였다. 이곳을 스쳐간 아이들이 대학생이 되어 봉사하러 오는가 하면, 자신을 돌보는 복지사를 이모라고 부르는 가족 정서가 흘렀다.

아이들은 또랑또랑한 눈망울로 한지에 물감이 스며들 듯 내 말을 경청했다. 열악한 주거 환경과 여건 탓에 냄새가 나는 아이도 있었다. 그러나 그런 건 문제되지 않았다. 요령을 부리거나 잔머리 쓰며 뺀질대는 아이보다 정이 갔다. 도심에서 멀어질수록 자연이 본모습을 간직한 것처럼, 변두리 지역 아이들에게서는 순수함이 묻어 났다.

이곳에 또래보다 좀 작은 남자아이 한 명이 새로 왔다. 초등학교 1학년인 아이는 피부가 창백하리만치 희었다. 모발은 염색한 것처럼 금발인데 심지어 눈썹과 속눈썹까지 색이 바랬다. 다문화가정 아이들이 많은 현실이라 그러려니 하면서도 혹시 외국인인가 하고 당최 헷갈렸다. 체구도 왜소하고 연약했다. 게다가 시력도 썩 나빠 보였다. 책을 읽을 땐 눈을 책에 붙이다시피 했다. 아이들이 내 표정에 담긴 궁금증을 눈치 챘는지 묻지도 않은 답을 해주었다. "얘는 색소가 부족하대요."라고. 그 아이의 건강치 않아 보이는 모습이 애가 쓰여 도탑게 대했더니 아이는 나를 잘 따랐다.

아이들과 친해질 만하면 한해가 끝난다. 비록 짧은 기간이나마 정을 나누었던 아이들과도 헤어져야 한다. 새해엔 파견 근무지가 새로 정해지는 근무조건 때문이다. 그곳에서의 마지막 수업 날이었다. 섭섭한 마음을 감춘 내 심경은 아랑곳없이, 아이들은 저마다 내일 볼 사람처럼 건성으로 인사하며 교실을 빠져나갔다.

그때 교실을 막 나가려던 한 아이가 무엇을 두고 갔는지 뒤돌아서는 게 보였다. 바로 금발의 아이였다. 아이는 내게로 슬그머니 다가오더니 손에 쥔 무엇을 주뼛주뼛 내밀었다. 고개 숙여 아이의 손을 보니 고 하얀 손에 고깃고깃 접은 천 원짜리 지폐를 꼭 쥐고 있는 게 아닌가. 돈을 주겠다는 의도로 보였다. 난감했다. 어찌해야 할지 몰라 머뭇대었더니 자기는 아이스크림을 사먹지 않아도 되니 받아달라는 거다. 그런다고 그 돈을 어떻게 받는단 말인가. 받은 걸로 할 테니 도로 가져가라고 구슬렸다. 그랬더니 아이의 말이 더 거부할 수 없게끔 당찼다. 선생님께 꼭 드리고 싶으니 받아줘야 한다는 거다.

나는 지금껏 받아본 선물 중 가장 특별한 선물을 받아 들고 멀거니 서 있었다. 썩 건강하지도 않은 아이가 하루 용돈으로 받았을 돈 천 원을, 간식의 유혹도 뿌리치고 선물

할 생각을 하다니. 지금껏 가졌던 천 원의 값어치가 새로 매겨지는 순간이었다. 아이의 마음은 위대했고, 나는 아이의 마음에 감전되었다.

그날, 먼 길 돌아오는 내내 마음은 돈에 가 있었다. 뭉근한 불기운 같은 것이 가슴 밑바닥에서 꺼지지 않고 일렁였다. 그 광경을 경이롭게 지켜보던 아이들 눈빛도 떠올랐다. 아이가 준 돈을 지갑속 다른 지폐와 섞지 않고 다른 칸에 따로 넣어두었다. 가끔 꺼내 보며 아이의 해맑고 진실한 마음을 간직하고 싶어서다.

지금 그 돈을 보고 있다. 연암 박지원이 쓴 『열하일기』에 울 만한 곳 타령이 나온다. "다만 슬픈 감정만이 울음을 자아내는 게 아니라 까짓 기쁘면 울 수 있고, 까짓 골이 나면 울 수 있고…." 여기에다 '까짓 감동하면 울 수 있고'를 추가한다.

천 원짜리 속 퇴계 선생을 찬찬히 들여다본다. 이분 얼굴이 언제 이렇게 인자했었던가. 파견 근무지가 바뀌어 이제 그곳으로 갈 일은 없다. 그러나 가끔 돈을 꺼내볼 때면 당시의 감동이 살아난다. 천 원을 다시 지갑 속에 고이 넣어둔다.

느티나무처럼

그는 고향의 터줏대감이다. 마을의 수문장이며 내 마음에서도 자라는 나무다. 그 그늘엔 돌아가신 할아버지가 계셨고, 지금은 아버지가 계신다. 차를 타고 가거나 걸어서 가거나, 그 나무를 지나치지 않고서는 마을로 들어갈 수 없다.

고향마을은 마을 들머리에 표지판이 없으면 그곳에 마을이 있는지조차 알 수 없는 골짝 마을이다. 세상을 비켜 꼭꼭 숨어 있다. 큰 신작로에서 살짝 가지 뻗친 비밀통로 같은 후미진 길을 따라가면 길 끝 산모퉁이에 다다른다. 그곳을 돌아서면 저만치 산자락 아래로 옹기종기 모여 앉은 마을이 시야에 들어온다. 머리카락 주뼛 서는 밤, 으슥한 모퉁이 돌아설 때 멀리 깜빡이는 마을 불빛이 마중 나온 어머니처럼 반가웠다.

나 어릴 적에 그 아름드리 둥치는 팔을 두 번은 뻗쳐야 손끝이 닿을 만큼 굵었다. 지금도 여전히 사방 치렁치렁한 가지를 늘어뜨리고 넉넉한 그늘을 드리운다. 마을 역사가 된 나무 그늘은 농사로 힘든 동네 어른들이 망중한의 여유를 즐기는 곳이었다. 김홍도 풍속화 속 한 풍경처럼. 자식들은 나무 아래를 지나 마을을 드나들 때 어른들에게 막걸릿값을 내어놓기도 했다.

먼 데로 보따리 장사를 떠난 어머니를 기다리던 곳도 그 나무 아래다. 눈빛이 초롱한 촌 아이는 해가 저물도록 공기놀이를 하며 어머니를 기다렸다. 해거름 녘 모퉁이를 막 돌아오는 한 사람이 자그맣게 보이고, 그 모습이 점점 가까워져 어머니인 것이 분명해지면 반가움에 눈물부터 핑그르 돌았다. 눈물을 들키는 게 부끄러워, 입고 있던 무명 검정 치마를 홀랑 뒤집어쓰고는 울지 않은 척했다.

어머니는 읍내 장날이면 새벽에 채소를 뜯어와 마당에 펼쳐놓고 다듬으셨다. 한 다발씩 묶으며 얼마를 받을까 셈하셨을 것이다. 무거운 채소 보따리를 머리에 이고 20리 길을 걸어서 읍내 장에 간 어머니는, 해가 뉘엿뉘엿 넘어갈 때쯤 돌아오셨다. 종일 어머니를 기다리며 놀던 나는 노곤한 어머니 모습은 뒷전이고, 보따리 속에 든 과자나 사탕 등의 먹을거리에 마음이 가 있었다.

어머니는 아버지와 들에 나가다 경운기 전복 사고로 팔에 깁스를 하고 계셨다. 걱정할까 봐 연락조차 하지 않으셨다. 읍내에서 사 간 수박을 먹으며 그간의 회포를 푼다. 아버지는 옆집에 사는 작은아버지를 불러 딸이 사 온 거라며 청주로 대작하신다. 아버지 볼이 눈에 띄게 홀쭉하시다. 팔순이 가까워도 손 놓지 못하는 농사일 탓이리.

한 숨 돌리고 나면 집안 청소를 시작한다. 흙이 서걱거리는 방을 닦고, 때가 찌든 컵이며 술잔과 커피 잔도 말갛게 씻고, 새까맣게 때가 전 행주도 하얗게 삶는다. 냉장고 청소도 빼놓지 않고 한다. 반찬 통을 전부 끄집어내고 선반과 칸막이까지 다 들어내서 눌어붙은 때를 수세미로 문질러 씻는다. 어머닌 미안한 듯 흐뭇한 듯 함박 미소를 머금고는 대충대충 하라 하신다.

점심 먹은 지가 얼마나 지났다고 어머니는 저녁 찬거리를 준비하신다. 딸이 왔다고 신경 쓰시는 게다. 저녁 반찬으로 냉장고에 든 찬으로도 충분하다. 마늘장아찌에 배추생절이, 청국장, 김장김치와 잘 삭은 무김치, 나박김치에 돼지 두루치기까지 있다. 그래도 어머닌 반찬도 없이 뭐하고 밥 먹겠냐고 하신다.

설거지를 끝내고 가마솥으로 간다. 솥엔 뜨거운 물이 찰랑찰랑 데워져 있다. 보일러 기름 아낄 걱정 없이 개운하게 씻기엔 그만이다. 여름엔 쇠죽을 끓이지 않지만 허리 아픈 어머닐 생각해 아버지가 저녁마다 군불을 지피셨다. 불 땐 방엔 막 바른 흙벽처럼 매콤한 흙냄새가 솔솔 난다. 그 방에 부모님과 나란히 눕는다.

부모님과 얼굴 맞댈 시간이 얼마나 될지. 하루가 다르게 기력이 쇠약해지는 당신들 모습을 보면 세월의 덧없음이 구슬프다. 붙들 수 없는 시간이 야속하다. 아버지의 기억력은 어린아이처럼 떨어져 있다. 어느 날엔 이 딸을 기억 못 하는 게 아닐까 싶은 두려움에 착잡해진다. 아버지는 평생 일하는 모습으로, 마을 앞 무성한 느티나무처럼 자식들을 거두고 지켜주셨다. 아버지는 평생 등 굽지 않고 꼿꼿하실 줄 알았다. 그런데 이제 보니 새우처럼 등이 굽고 노쇠하다.

어머니는 이 딸 덕분에 수월했다 하신다. 모처럼 딸 노릇을 한 모양이다. 날 잡아 온 며칠 말미가 후딱 지나갔다. 숱한 작별을 지켜봐 온 터줏대감도 안타까워지는 때다. 어린 딸이 장에 간 어머니를 기다리던 바로 그 나무 아래에서, 이젠 그 나무처럼 늙은 어머니가 나이 든 딸을 기다리고 배웅하신다.

그분을 남겨두고 산모퉁이를 돌아 나온다. 제트비행기가 남긴 구름처럼 두고 온 마음이 길게 마을로 닿는다. 당신은 내 시야에서 사라질 때까지 한 점으로 서 있으셨다. 내 마음의 터줏대감으로.

9번방의 선물

세상일은 마음먹기 나름이다. 어떤 일로 속상함이 지속할 때 손바닥 뒤집듯 생각의 전환이 필요하다. 이는 일의 상황보다는 자신 마음이 편안한 상태가 되기 위한 쪽이 가깝다. 그러다보면 힘겨운 상황도 누그러지고, 내 입장만 생각했다는 소견도 어렴풋이 들어선다. 혼자 가슴 앓느니 근본 사고를 바꾸는 편이 정신 건강에도 이롭다는 생각이다.

어느 날 퇴근길에 예정에 없이 영화를 보러 갔다. 그날 황당하게도 표를 산 영화가 아닌 다른 영화를 보게 되는 일이 일어났다. 매표소에서는 7번방으로 가라고 살뜰히 안내했는데, 상영관 안내원은 나를 9번방으로 안내한 결과다. 생각 없이 들어가 화면에서 전혀 엉뚱한 영상이 펼쳐지는 데도 일어나 나오기는커녕 영화에 차츰 빠져들었다. 그런

나도 우습다. 9번방에서 보려한 영화가 아닌 〈7번방의 선물〉을 보게 된 연유다.

이 영화를 두고 매스컴에서는 상영 초반부터 관객 수를 헤아리며 흥행 여부를 점쳤다. 나도 얼떨결에 이 영화 초반 관객에 포함되었다. 이는 의도하지 않은 방향으로 일이 전개되는 바람에 보려한 영화를 못 봤으니 '머피의 법칙'에 해당한다. 하지만 어찌하다가 한창 잘나가는 영화를 보게 된 것은 운이 따른 '샐리의 법칙' 쪽에 가깝다.

머피의 법칙이 '하필 내게 그런 일이' 하는 느낌이라면, 샐리의 법칙은 '설마 내게도 그런 행운이'라는 말맛으로 받아들여지지 않나 싶다. 내가 아는 어떤 이는 자신의 인생이 늘 '만에 하나' 쪽에 서더라고 했다. 큰 병마와 부도 같은, 만에 하나의 확률이 늘 자신에게 닥쳤다는 거다. 그 말은 장차 닥칠 삶에도 크게 기대하지 않겠다는 뜻으로 들렸다. 사람들은 행운을 말할 때 쓰는 샐리의 법칙보다는, '나야 늘 그렇지 뭐'라며 체념하듯 머피의 법칙 쪽에 서기를 자청하는 것 같다. 그편이, 기대했다가 실망하는 것보다는 나을 것이라는 생각에서일까.

살아오면서 내가 재수가 없다거나 운이 없다고 여긴 적은 없다. 설령 처한 상황이 양호한 편은 아니었어도 긍정 사고는 늘 밑바닥에 깔렸었다. 그래서 '나는 왜 이럴까'라고 한숨짓기보다는 '이만한 것에 감사하다'는 속 기도를 한 때가 더 많았다. 삶의 일선으로 나서야 할 때도 간절히 바란 끝에 원하던 직장에 다닐 수 있었다. 보이지 않는 존재의 특별한 보살핌을 받는 느낌이랄까. 이런 믿음은 느닷없이 들이닥친 풍파에도 좌절하지 않고 헤쳐 나가는 근성을 심어주었다. 한편 바탕에 긍정 에너지를 늘 갖고 산 결과로도 본다.

한때 결혼을 이른 나이에 한 것을 습관처럼 후회했다. 20대 초반의 화사한 봄날, 친구들이 저들끼리 어울려 봄 속에서 노닐 때 나는 아이의 엄마가 되었다. 젖먹이 아이를 업고 옥상에 올라가 기저귀를 널며 저만치 공원 쪽을 우수에 젖은 눈으로 바라봤다. 그때 남녀가 쌍쌍이 거니는 공원은 내가 갈 수 없는 딴 세상이었다. 돌아갈 수 없는 나의 청춘이었다. 그래서 신혼을 시작한 도시의 집 옆 공원은 우울하게 채색되었다.

철부지 엄마는 꽃이 팡팡 터지는 봄만 되면 목련꽃 이파리가 시름시름 떨어지듯 우울증으로 시들었다. 거듭되자 그것이 습성이 되었다. 그러다 어떤 계기에서였는지, 지나간 시간을 붙들고 한숨짓는 일은 앞으로의 삶에 전혀 득될 게 없다는 결론을 내리게 되었다. 생각을 바꾸자 습관이 붙은 회한의 늪에서 벗어나 있었다.

시련이 닥칠 때 어느 순간 내게 유리한 방향으로 관점을 돌리게 된다. 자신의 불안한 정서 상태를 보호하려고 자기

방어 기제가 자동 작동하는 모양이다. 이는 힘듦을 극복하고 자신에게 이롭도록 사고를 전환하여 생존하려는 본능일 것이다. 생각을 긍정으로 바꾸면 상황은 예상보다 빨리 나아졌다. 어느새 평상심을 회복하게 되고 당면한 문제나 스트레스에서 차츰 벗어나게 되었다. 좋아하는 남자배우가 나오는 영화가 아닌 다른 영화를 보게 돼 어이없어하기보다는, 차라리 잘됐다며 인식전환을 빨리한 것처럼.

불행은 그 내용보다 불행을 대하는 태도가 더 중요하지 싶다. 다가오는 불행을 미리 알고 막을 수는 없다. 예고 없이 닥치는 장애물을 감당할 힘은 유전자처럼 내면에 깔렸다고 본다. 삶의 조건을 좋은 쪽으로 변화시킬 거라고 믿는 긍정 사고가 바로 삶을 감당하는 힘일 것이다. 행운은 마음속으로 끊임없이 바라던 바가 필연적으로 다가오는 결과물임을 의심치 않는다.

긍정에너지를 증폭시켜 다가올 행운의 기운을 축적하고 싶다. 어떤 행운이 다가와 샐리의 법칙을 들먹이게 될지 누가 아는가.

카바레 기행

같은 여자인 내가 봐도 한 번 더 돌아볼 만한 미모의 소유자다. 허리는 한 팔에 안길만큼 낭창하고 남자를 호릴만하다. 목소리는 또 얼마나 또랑또랑한지. 그 조고만 몸에서 용암처럼 분출하는 고음질의 웃음은 떼구루루 굴러갈 듯 낭랑하다.

여자가 카바레를 드나든 지 자그마치 20년째다. 남녀의 은밀한 거래가 일어나는 밤의 사교계를 손바닥에 올려놓고 보듯 꿰뚫는다. 무엇보다 남자 마음을 사로잡는 비결을 터득한 듯하다. 그 바닥에서 보낸 시간이 헛되지 않게 수집한 명함도 수두룩하다. 여자에게 명함은 작업 밑천이다. 남자 위상을 말해주는 명함을 한 장씩 짚어가며 그날 상대를 물색한다. 이를테면 파트너 헌팅이다. 싱숭생숭한 밤을 어지럽도록 돌아줄 상대를 고르는 일이라 콧노래도 흘러나온다.

여자 직업은 자칭 춤 선생이다. 그가 일대일로 개인 교습을 하는 장소는 자신의 집이다. 원룸 좁은 공간에서 중년 남녀가 손을 잡고 돌고 도는 상상만 해도 가슴이 후끈해진다. 그런 그녀에게는 나름 춤에 대한 철학이 있다. 사교춤을 하는 이는 나이 들어도 자세가 꼿꼿하다거나, 걸어가는 뒤태만 보고도 춤추는 사람은 알아본다나. 어쨌건 그녀의 유창한 언변을 듣다 보면 어쩐지 춤을 배워야 할 것 같은 생각이 삐죽 들곤 한다.

밤바람을 쐬러 나가는 여자에게 몇 번 호출된 적 있다. 혼자 가기 마뜩잖을 때 따라나서는 구원병 역할이었다. 처음엔 야한 조명이 몽롱하게 하는 밤의 세계를 들여다보는 게 내키지 않았다. 마치 진흙탕에 발을 담그는 것처럼 가슴이 콩닥댔다. 그러나 새로운 세계에의 호기심도 꿈틀거렸다. 그녀 뒤를 연습생처럼 따라다니며 끈적끈적하고 니글거리는 밤 풍경도 솔찮이 목격했다. 밤의 베일 속에서 남자와 여자가 얼마나 친친 감기는지를, 또 밤을 매개로 어떤 거래가 이루어지는가도.

밤 문화에 익숙한 그녀가 좋아하는 남자 타입과 내가 좋아하는 타입이 전혀 달랐다. 나는 그게 문제였다. 그녀에게는 전적으로 남자의 능력이 최우선이다. 나는 진부해서인지 오로지 통하는 느낌이라든가 순정만 있으면 되었다. 해서 그녀가 만나는 남자들이 하나같이 느끼한 속물로 보였다. 한심한 것은, 처음인 것처럼 내숭떠는 여자에게 걸린 남자는 늪에 빠진 듯 허우적대며 지갑만 열고는 제풀에 떨어져 나간다는 사실이었다.

간혹 마땅한 상대가 없는 날은 현장을 찾아 나섰다. 카바레에서 직접 조달하는 거였다. 어느 날 밤에도 마침 무료하던 차라 핸드백을 들어준다는 빌미로 따라나섰다. 문 하나를 사이에 두고 전혀 딴세상이 펼쳐진다. 입구에 들어서자 지르박인지 하는 생음악이 홀을 울리는데 컴컴한 통로에 있던 남자들 눈에 일시에 비상등이 켜졌다. 그 눈빛은 막 등장한 여자에게 먹이를 찾는 독수리 눈처럼 꽂혔다. 뒤따르는 나에게도 여파의 눈 화살이 날아들었다.

역시 그녀는 밤의 여왕다웠다. 금세 어느 손에 잡혀 플로어로 나가는가 싶더니 이내 시야를 벗어났다. 남자와 두어 바퀴만 돌아보면 상대의 실력이 한눈에 파악된다는, 그러나 아무 손이나 잡지 않는다는 지존의 그녀가 잡은 이번 상대의 실력은 꽤 괜찮은 모양이었다. 한 시간이 후딱 지나도록 자리로 들어올 생각이 없는 걸 보면 말이다.

현란한 불빛에 눈이 어지럽나. 이 요지경 세상을 언제 또 보랴하고 눈에 힘을 주고 구경한다. 자욱한 담배 연기, 귀청을 두드리는 밴드, 붉은 조명을 입고 서로 닿지 않고 재

주껏 돌고 도는 남녀….

그러나 이런 것들도 슬슬 지겨워졌다. 무슨 연주와 노래는 그치지 않고, 홀을 메운 남녀는 도대체 쉬는 시간도 없다. 바짝 긴장했던 끈도 어느 정도 느슨해졌다. 그때 찌릿한 눈길을 보내오던 저쪽 남자가 슬며시 일어서는 게 보인다. 혹 나를? 순간 불안감이 엄습한다. 나를 보호해 줄 여자는 내 존재 따윈 까마득히 잊고 홀 어디에선가 돌고 있을 텐데.

예감은 빗나가지 않았다. 하이에나로 보이는 남자가 다가오더니 내게 손을 내민다. 나는 놀란 토끼 눈으로 고개를 좌우로 세차게 흔들었다. 남자가 순순히 물러갔다. 그러나 포기하지 않고 다시 오더니 손을 잡잔다. 손만 잡고 있으면 다 알아서 해주겠다고. 매너는 좀 있어 보인다. 그래도 무섭다. 춤의 ㅊ자도 모르는데, 이 남자 포기하지 않고 줄기차게 손을 내 민다. 협박이라도 할 태세다. 완전 초짜인 줄 알아챘단 말인가.

저, 춤 못 춰요. 친구 가방 들어주러 왔어요. 무서워 죽겠는데 춤에 빠진 여자는 도대체 어느 구석에서 엉켜 있는지 보이지 않는다. 이제 남자는 날 낚으려고 작정한 사람 같다. 나는 어디서 그런 용기가 났는지 연주소리를 뚫는 소리로 남자에게 외쳤다. 나 정말로 춤 못 춰요. 남자 언성도 높아진다. 한 번만 해 보자니까. 못한다니까요. 아 글쎄 딱

한 번만, 아줌마가 맘에 들어서 그래. 가방만 움켜잡고 있는 나를 강제로 잡아 일으키려고 한다. 실랑이가 인다. 왜 이럽니꺼. 이거 놓이소. 놓이소…. 급기야 남자 손이 내 몸에 닿는다. 이제 몸까지 더듬을 모양이다. 뉴스에서나 보아오던 불미스러운 일이 혼돈스럽게 들어찬다.

오들오들 떨면서 여차하면 비명이라도 지를 찰라 몸에 닿았던 손길이 어깨를 흔든다. 당신 왜 그래? 정신 차려. 이 사람이 무슨 잠꼬대를 이리 요란하게 하노.

나는 그날따라 코맹맹이 소리를 내며 남자 품으로 바짝 파고들었다.

곡哭

결혼하고 나서 상복喪服을 몇 번 입었다. 그 중 자식으로 제대로 곡한 건 연전에 돌아가신 아버지 장례 때다. 물론 시어머니가 돌아가셨을 때도 큰며느리로 올 굵은 삼베옷 입고 상장喪杖짚고 곡했다. 그때가 십 오륙 년 전이었는데 죄송스럽게도 아버지 장례 때만큼 울지는 않았던 것 같다. 비통하지 않았던 게 아니라 큰며느리로 일 치르랴 마음이 긴장한 면이 있지 않았나 싶다.

상제가 짚는 지팡이로 아버지 상에는 대나무를, 어머니 상에는 오동나무나 버드나무를 쓴다고 한다. 아버지 삼일장을 치르는 동안 잡고 곡했던 대나무 지팡이는 평생 보아 온 아버지 모습처럼 작달막하고 다부졌다. 이 지팡이를 짚고 허리를 반으로 접어 '아이고 아이고' 소리를 내면 금방 가슴께가 울컥 받치면서 눈물이 솟구쳤다. 마치 눈물 단추를 꾹 누른 것처럼.

우리 집 앞 광장은 마을 사람이 세상을 놓았을 때 상여가 마을을 출발하는 장소였다. 어릴 적에 꽃상여가 장지로 나서기 전 절차를 담장 너머로 구경했다. 아버지는 상여 앞머리에 올라타서 요령을 흔들며 앞소리를 했다. 복을 다 누리지 못하고 떠난 망자가 좋은 곳으로 가서 편히 쉬기를 기원하고 헤어짐을 슬퍼하는 내용이었다. 아버지가 하는 앞소리에 상두꾼들은 후렴구를 노래하며 발맞추어 한 발짝씩 전진했다. 어린 나이에도 선소리꾼과 상두꾼이 주고받는 상엿소리가 어찌나 구슬프게 들리던지. 담 너머로 이를 지켜보던 마을 아낙들도 치맛자락 걷어 올려 눈물을 찍어냈다.

아버지도 이 광장에서 꽃상여를 타셨다. 당신이 올라타 요령 흔들며 혼백을 위로하던 상여에 조그맣게 누우셨다. 평생 농사짓던 마을 뒤 김자밭으로 향하는 상여는 걸음걸음이 더뎠다. 자리보전하기 전까지 드나들던 마을회관 앞, 여름이면 땀 식히던 느티나무 아래를 지날 때에는 상여도 잠시 쉬어갔다.

돌아보면 아버지는 음감이 꽤 있는 소리꾼이셨다. 성월 대보름 마을행사 때 상쇠를 한 거로나, 농사짓는 틈틈이 하신 시조창을 봐도 그렇다. 아버지는 노래가 아니라 소리를 좋아하신 거였다. 아버지 칠순 잔치 때 흥겨운 노래판이 벌어졌다. 시조창 스승이 와서 멋들어진 창으로 잔치의 격을 높였다. 아버지는 그렇게 평생 농사꾼이었던 당신 인생 후반 삶을 위안 받으시더니, 자식들의 곡소리를 장송곡으로 이승을 이별하셨다.

언제든 아버지라는 이름으로 그 자리에 계실 줄 알았던 아버지, 소리로 농사의 고달픔을 달랜 아버지 영면한 자리가 자손 언변 좋고 예술에 재능을 펼칠 자리라는 지관의 말이다. 이도 예술성 다분한 아버지와 무관하지 않은 듯하다. 다음에 찾아뵐 땐 곡이 아닌 노래 한 곡 불러드려야지. 상석에 술 한 잔 올려놓고.

쌍화점과 목탁

목탁을 손에 들었다. 갖고 싶던 장난감처럼 손에 들고 만지작거린다. 쳐보고 싶은 속마음을 들킨 것 같아 괜히 주인 눈치를 본다. 한 사찰 내 공예품 가게에서 유독 관심을 끈 목탁이다.

이것을 잠시 손에 넣은 적 있다. 고려가요 〈쌍화점〉 덕분이다. 국문학을 공부할 때, 학과행사로 전국예술제 무대에 올릴 공연을 준비해야 했다. 고심하던 중 마침 즐겨듣던 전통 가락 음반이 딱 떠올랐다. 윤선도가 보길도 부용동에 은거하면서 지은 연시조 〈어부사시사〉 사계, 신라 향가 〈제망매가〉와 〈처용가〉, 고려가요 〈쌍화점〉과 유일하게 남은 백제노래로 알려진 〈정읍사〉에 곡을 붙인 노래들이다. 중창단의 낭창하고 차진 화성과, 대금 해금 가야금 거문고 장구 같은 전통악기가 어우러진 국악 풍이다. 시대를 대표하는 친근한 시가 노래로 만들어진 것이라 음반점에 주문해서 구한 터였다. 이 중 멜로디가 경쾌하며 노랫말도 흥겨워 따라 흥얼거리게 되는 쌍화점을 공연 곡으로 정했다. 노래를 작곡한 대학 교수로부터 악보도 받아두었다.

남녀상열지사 가요 쌍화점은 늦깎이 학생들 흥밋거리로도 일단 합격이었다. 국문학 속 한 시대를 풍미한 노래라 국문학도들의 공감대도 컸다. 노랫말은 익숙하지만 곡은 생소한 학생들에게 이 쌍화점 노래를 나서서 가르쳤다. 그런 한편 각 절에 등장하는 회회回回아비와 상좌승, 우물의 용, 술집 아비로 출연할 남자인물도 선정했다. 그들 각 분장에 맞게 소도구도 준비했는데 특히, 스님 역할에 필수품인 목탁이 문제였다. 아는 스님도 없었다. 설령 있다 해도 목탁은 불교의식의 중요 법구가 아닌가. 해결방안을 찾던 중 마침 주변 불심 깊은 이가 소장하고 있던 목탁을 잠시 빌리게 되었다.

접할 일 없던 목탁을 손에 넣자 당장 두드려보고 싶어졌다. 제 몸을 울려서 내는 통쾌한 소리를 듣고 싶은 충동이 주체할 수 없이 솟구쳤다. 지하철역에서 목탁을 건네받고는 승강장으로 뛰다시피 내려왔다. 성취감으로 웃음이 스멀스멀 새어나왔다. 열차가 막 떠났는지 지하는 고요했다. 이때라고 주변을 살피고는 재빨리 목탁을 꺼내 들었다. 한

결같이 고르게 치라는 이것을, 소리에 기대 충천하여 서둘러 톡 쳐 보았다. 두 번 세 번 연거푸 두드렸다. 그 강도를 세게 했다 좀 약하게 했다가…. 내 표정은 아껴먹느라 깊숙이 감춰둔 곶감을 몰래 빼내어 먹듯 상기되었을 것이다.

목탁은 어설프게 두드렸는데도 제 몸통을 울려서는 지하 공간을 통통 깨웠다. 속 빈 여문 목탁이 낸 소리는 동굴 속 레일을 따라 길게 꼬리를 감추었다. 경쾌한 소리의 끝을 가물가물 따라잡느라 귓바퀴를 쫑긋 모았다. 어느 겨를에 지하철을 타러 온 사람들 시선이 내게 쏠리는 것도 몰랐다. 그제야 목탁을 주섬주섬 챙기며 민망한 웃음을 싱긋 머금었다. 한껏 두드려보지 못한 아쉬움인지 목탁 소리의 여음이 귓가에 미적미적 맴돌았다.

이 소리를 만드는 장인의 작업 과정을 본 적 있다. 재료 준비 때부터 목탁 만들기가 시작되었다. 먼저 목탁용 나무뿌리, 살구나무나 박달나무를 골라 진흙에 3년가량 묻어두었다. 이것을 가마솥에 굵은 소금을 넣고 푹 삶아 그늘에서 석 달을 말렸다. 무던한 공이 드는 이런 일련의 일은 파랗게 살았던 나무의 영이 환생하는 과정으로 보였다. 석공이 혼을 쏟아 불상을 빚듯 목탁에도 만든 이의 혼이 스미지 싶었다. 나무뿌리를 목탁 재목으로 만드는 긴 자연과 그에 깃든 시간이었다. 하지만 소리를 탄생시키는 건 온전히 장인 정신과 정성이었다. 십리 밖에서도 알아들을 수 있다는 자신의 목탁소리는 과연 그의 분신일 것이었다.

쌍화점 공연은 큰 환호를 받았다. 전국에서 출전한 다른 팀을 제치고 큰 상까지 받았다. 특히, 승려 분장을 한 남자가 목탁을 두드리며 천연덕스럽게 무대로 나올 때 관중은 일순 자지러졌다. 목탁 소리는 마치 절에서 울리는 듯 리듬과 울림이 그럴싸했다. 우리는 무대에서 합창 공연 중이라는 사실도 잊고 관객 웃음에 휩쓸렸다. 돌이켜봐도 흥미로운 공연이었다. 그 후 영화 〈쌍화점〉을 보고 영화 속 남자 주인공의 노래도 들었지만, 감흥은 우리가 부른 쌍화점에 미치지 못했다. 혹, 같은 노래였다면 따라 부를 생각이었다. 기대한 마음이 와르르 무너졌다.

사람 사이처럼, 어떤 물건에 갖는 관심도는 자신과 관계 지어진 정도에 따라 다른 것 같다. 쌍화점 공연 이후 목탁에 부쩍 관심이 가는 걸 보면 그렇다. 무관심했던 대상에의 눈뜸이다. 공예품 점에서 유독 목탁을 만지작거리고 있음도 그런 연유일 거다.

언젠가 백담사에서 하룻밤 묵을 때다. 세상 소리도 잦아든 새벽을 정갈하게 울리는 도량석 소리를 들었다. 옷자락 감기는 기척까지 잡힐 듯 정적에 쌓인 새벽, 귓바퀴를 쫑긋 오므리게 하던 목탁석 소리는 어느새 마음을 합장하게 했다. 세파에 혼탁해진 자아를 진정시키는 소리, 숲 속 옹달샘에 이슬방울이 떨어지듯 청명한. 공예품 가게에서 목탁을 들고 바람처럼 스치는 소리를 듣는다. 세상을 맑게 살라며 통 똑 또그르르….

소양강 처녀

논배미 사이 신작로가 나기 전이다. 트랜지스터라디오에서는 날마다 〈소양강 처녀〉가 흘러나왔다. 이 소양강 처녀를 소 먹이러 오갈 때 마르고 닳도록 불렀다. 쇠죽 끓일 땐 부지깽이로 솥전을 두드리며 박자 맞춰 불렀다. 소양강 처녀가 내 사춘기 결로 새겨질 만큼이다.

풀을 포식한 소를 몰고 해가 뉘엿뉘엿 지는 길을 돌아올 때, 배가 바닥까지 처진 소는 걸음이 뒤뚱뒤뚱 느려 터졌다. 그날도 소를 앞세우고 목청을 가다듬었다. 해 저~문 소~양 가앙에… 라고 노래 부르며 타박타박 한적한 들길을 걸어 집으로 향했다. 1, 2절을 부르고 잠깐 호흡을 가다듬는데 뒤에서 인기척이 났다. 돌아보니 꼴짐을 수북이 진 큰아버지였다. 내 노래가 끝날 때까지 줄곧 뒤따라온 거였다. 헛

기침 한번 없이. 논길은 폭이 좁았다. 부끄러워 얼른 묵례하고는 서둘러 논둑으로 올라 길을 비켰다.

어느 날도 소를 몰고 산에 올랐다. 소를 풀어놓기 바쁘게 노래 부를 무대부터 찾았다. 마침 봉긋하게 솟은 바위 하나가 보였다. 좋아라고 바위에 올라보니 마침 주변에 보이는 사람도 없다. 무대로 삼기에 적당했다. 산속에 사람이 있을 리 없었다. 말랑하고 푸릇한 솔 냄새 짙은 소나무 가지를 잡아당겨 마이크 삼았다. 보는 사람도 없겠다 싶어 큰소리로 노래를 부르기 시작했다. 죽으나 사나 〈소양강 처녀〉였다. 수줍고 청아한 노랫소리가 고요한 산자락으로 울려 퍼졌다. 한데 아뿔싸, 등잔 밑이 어둡다더니. 소나무가 에워싼 무대 아랫녘에 친구네 콩밭이 있을 줄이야. 친구 어머니가 콩밭을 매다 내 노래를 모조리 경청했더란다. 어느 날 친구네 집에 놀러 갔다가 그 말을 듣고는 창피해 집으로 도망쳐 왔다.

중학교에 가니 장래희망을 적으라고 했다. 망설임 없이 '가수'라고 적었다. 다 그랬겠지만, 장래희망 같은 건 딱히 없었다. 뭘 구체적으로 생각해본 적도 없고 그냥 공부만 하던 때다. 어쨌든 그 시기의 꿈은 가수가 되고 싶다는 거였다. 그런 꿈을 꾸게 된 시초가 바로 이 노래가 아니었나 싶다.

사춘기를 온통 물들인 이 〈소양강 처녀〉로 방송을 탔다.

집념이 이룬 결과였을까. 결혼하고 아이 둘 키우던 젊을 때다. 지방 한 라디오 방송국에 청취자 노래자랑이라는 프로그램이 생겼다. 모르면 용감하다는 말도 그때나 지금이나 통하는 말이 아닌가 한다. 실상을 모르기에 겁도 모른다는 말로 해석해도 될 것이다. 앞뒤 재지 않고 덜컥 예심에 참여했다. 예심을 통과하고, 본심은 스튜디오에서 생방송으로 진행했다. 이때도 〈소양강 처녀〉를 불렀다. 그때 입상은 하지 못했지만 골든 팝송 카세트테이프를 선물로 받았다. 아직 기념으로 간직하고 있다. 전파의 힘은 놀라웠다. 내 이름도 모르는 시가 쪽 누구로부터 누구네 며느리가 노래를 잘하더라는 소리가 들려왔다. 다시 하라면 부끄러워서 하지 못할 젊은 용기였다.

고향 마을 입구엔 수령이 수백 년인 느티나무가 있다. 가지를 바닥까지 치렁치렁 늘어뜨리고 터줏대감 풍채로 마을을 장승처럼 지킨다. 느티나무 드넓은 그늘은 마을 어른들이 갓 쓰고 땀 식히던 사랑방이었다. 이 나무 아래에 간이 천막 무대를 설치하고 노래자랑대회를 열었다. 수상자에겐 알루미늄 대야며 주전자, 양동이, 플라스틱 바가지 등을 부상으로 주었다. 동네 처녀와 총각, 아저씨, 아주머니가 노래하는 걸 눈이 초롱초롱하게 구경했다. 어쩌면 맨 처음 가수가 되겠다는 꿈의 씨앗이 이때 파종되었을지도 모르겠다.

이런 막연한 꿈은 이제 노래자랑 무대로 향했다. KBS 전국노래자랑은 국민이 너나없이 서는 무대다. 단, 희망자가 워낙 많다 보니 예심을 통과해야 했다. 이 무대를 향한 욕구가 누에가 잠에 들 듯 고갤 치켜들었다. 더구나 내가 사는 지역에서 예심이 있다는 게 아닌가. 이런 기회를 놓칠 수 없었다. 마치 내가 기다려 온 절호의 기회인 듯 참여해야겠다는 의지가 솟구쳤다.

예심이 있다는 날, 여섯 살 난 아들 손을 잡고 방송국 홀을 찾아갔다. 방청석엔 예심을 보려고 부산시민이 다 나온 듯했다. 대기자가 워낙 많으니 50명씩 무대에 오르라고 했다. 그들 중 한 사람씩 앞으로 나와서 노래하는데, 두 마디 또는 네 마디쯤 부르면 심사석에서 '수고했습니다.'라며 노래를 끊었다. 잠시 지켜본 결론은, 특별난 재주를 내보이거나 노래를 월등히 잘 부르거나 둘 중 하나여야 한다는 거였다. 그 둘에 자신이 없던 나는 슬그머니 자리에서 일어섰다. 판단은 일찌감치 잘한 것 같다. 집을 나설 때의 야심은 사라지고, 첫 무대에 오른 쉰 명이 예심을 다 보기도 전에 나와버렸다. 많은 사람을 보자 쥐꼬리만 하던 자신감마저 쏙 기어든 때문이다.

가수의 꿈은 말 그대로 장래희망으로만 기록에 남았다. 소양강 노래 따라 내 사춘기도 돌아올 길 없이 흘러갔다. 요즘은 이 노래가 방송에서도 흘러나오지 않는다. 노래방에 가더라도 이 노래는 부르지 않는다. 그때 너무 많이 불러 질린 게 원인인지도 모르겠다. 노래의 실제 주인공이라는, 강원도 촌에서 올라와 가수를 꿈꾸었다는 소녀는 가수가 되었을까. 노래 속 처녀는 늘 처녀 그대로인데 부지깽이로 박자 맞추던 나만 변했다. 가수를 꿈꿀 게 아니라 노래 속으로 들어갔어야 했다.

고도孤島 아틀란티카

한 남자가 난간을 부여잡고 섰다. 불끈 잡은 두 팔 사이로 고개를 푹 묻었다. 사람의 기척에도 꿈쩍하지 않는다. 기도에 심취한 건가. 깊이 침잠한 그만의 시간을 방해할까 고양이 걸음으로 살금살금 지나친다.

지나며 보니 간곡히 기도하는 줄 알았던 남자는 놀랍게도 흐느끼고 있다. 퍼뜩 본 옆모습으로 보아 나이가 지긋해 보인다. 표정까지는 볼 수 없다. 압도할 듯 망망하게 펼쳐진 바다 위에서 말끔한 양복차림을 한 남자가 흑흑 소리 내어 운다. 그 소리가 세차게 몰아치는 바닷바람에 묻어 끊어졌다 이어졌다가…. 마치 어미를 먼 세상으로 보낸 늙은 아들의 소리 같은 처절한 울음이 발목을 잡는다. 살아가며 자기만의 울 장소가 필요하다더니 그는 이 배에 울려고 온 사람 같다. 훌쩍 지나치려다 근처를 서성인다.

상해에서 출발해 오키나와로 향하는 배 위다. 가도 가도 그 자리 같은 바다를 항해하는 초대형 배의 10층 뱃머리다. 오늘은 전일 항해일정이라 40시간을 바다에 떠 있을 예정이다. 승무원 천여 명, 승객 천여 명이 탄 배지만 지금 이 공간에는 그와 나 둘뿐이다. 그런 상황에는 아랑곳없이 배는 바다를 사열하듯 유유히 동중국해를 가른다. 당일 일정 안내서에 '파도, 거침'이라 적힌 예보가 빗나가지 않았다. 저만치 아래로 무시무시한 생물체가 요동치며 위협한다. 어디 뛰어내릴 테면 내려 보라고.

바람이, 목에 두른 머플러를 휘어잡고는 마구잡이로 미친 춤을 춘다. 그 기세가 걸음을 옮기려고 한쪽 발을 드는 순간 몸이 휘청 기울 정도다. 찬바람에 얼굴 감각이 얼얼하다. 한국인인지 중국인인지 국적 모를 남자는 마치 항해를 지휘하는 선장인 양 크루즈 선두船頭를 지키고 섰다.

서슬 푸른 바다에 오금이 저리다. 한 사람 쯤 몸 던져도 배는 그냥 지나갈 거고, 바다는 눈 하나 깜짝하지 않을 것이다. 윤심덕과 김우진이 맺을 수 없는 현실을 탓하며 몸을 던졌다는 관부연락선이 떠오른다. 100여해 전 처녀항해에 나섰다 비운의 운명을 맞은 타이태닉호를 떠올리면 소름이 돋을 만큼 으스스해진다. 타고 있는 아틀란티카호의 규모는 타이태닉호 두 배에 가깝지만 망망대해에서는 조각배에 불과하다. 행여 내 몸을 바람이 채어갈까 난간에서 엉금엉금 기다시피 걸음을 옮긴다. 군중을 벗어난 남자는 세상에 혼자인 듯 고독하고, 나는 그를 지키고 있다.

둥그렇게 휜 수평선으로 나아가는 배는 세상과 단절된 섬이다. 바깥세상과 연결 통로인 메시지 수신과 발신, 인터넷, 전화도 먹통이다. 단 하루도 손에서 놓아본 적 없는 휴대폰. 한국과 소통이 끊긴 답답함과 소속이라는 끈에서 떨어져 나온 해방감을 동시에 맛본다. 내게로 오는 수신이 끊기자 한 가닥 불안감이 맴돌기는 한다. 그러나 종일 빈둥거리며 파니 노는 홀가분함을 언제 또 누려보리. 어디에도 신경 쓰지 않고 관심 두지 않아도 되는 시간 속에서 헤아릴 수 없이 여유롭다. 이곳에서 각자는 각각의 독립국이나 다름없다. 완전한 고립과 평화가 공존한다.

어마한 볼록렌즈가 된 수평선 끝에는 정말 절벽이 있을 것 같다. 그 끝에 다다르면 수천 길이의 낭떠러지가 있어 가다가 툭 떨어질 것 같다. 다행히 수평선은 배가 나아가는데도 그대로 멀다. 좀체 마음 주지 않을 사람처럼 자꾸만 달아난다. 같은 수평선이라도 멀고 가까운 차이가 있을까. 문득 그것이 궁금해진다

이리 막막한 바다 위를 일엽편주 같은 아틀란티카호가 꿋꿋하게 나아간다. 수만 가지 걱정과 근심과 고민을 뭍에 내려놓고서, 또 그만큼 싣고서. 『고도를 기다리며』의 주인

공이 하염없이 지루한 시간을 견디며 오지 않는 고도를 기다리듯, 조금은 권태로운 시간도 보낸다. 그 고도가 무엇인지 누구인지도 모르고 기다린 주인공처럼, 사막의 어린왕자처럼, 작은 섬 크루즈에서 시간 보내기에 길들고 있다.

추위에 얼굴이 푸르뎅뎅해질 즈음 남자가 몸을 움직인다. 내가 시선을 얼른 딴 데로 돌리지만 괜히 당황스럽다. 정작 자신은 아무 일도 없었다는 몸짓과 표정이다. 몸을 돌리더니 지켜보던 내가 머쓱할 정도로 싱겁게 씩 지나간다. 천하에 혼자인 것처럼 고독을 삼키더니 바다와 합의라도 한 걸까. 사람 사는 일이 나라마다 다르지 않을 터, 중국인으로 보이는 그가 설령 한국인이었다고 해도 선뜻 말붙이지 못했을 것이다. 남자는 가장 솔직해진 순간을 들킨 민망함에, 어쩌다가 관객이 된 나는 훔쳐보다 들킨 머쓱함에. 그러나 그의 가슴 속 체증이 풀렸다면 그만 아닌가.

남자가 자리를 뜬 후 나도 슬며시 그 자리에 서보았다. 남자가 어떤 심정이었을까 하고. 무서움에 다리가 후덜덜 떨린다. 그러나 아직 삶에의 절실함이 덜한지 아니면 추위에 언 때문인지 무엇에 북받칠 겨를이 없다. 바람만 매몰차게 얼굴을 후린다. 시퍼런 바다가 좀 더 살아보라며 가슴팍에서 철썩인다.

만월처럼 주어진 공백의 시간에 되레 존재의 충만을 만끽한다. 언제 주변 일과 온갖 연출에서 벗어나 홀로인 적 있었나. 바다 위에서 주어진 여유를 어쩌지 못한다. 시간만 재고 살았지 시간 보내기에는 익숙하지 못한 때문일 것이다. 내가 오늘 할 일이 무엇인가도 여기서는 깜깜하게 잊어도 좋다. 맘껏 운 남자처럼, 누구나 다 자유인이므로. 여러 국적인이 한 운명체가 된 아틀란티카, 이 고도孤島에서는.

3부

친정 가는 길

하루에 두 번 운행하는 버스가 떠난 뒤다. 친정을 시오리 거리에 두고 인적 없는 휑한 삼거리에서 어머니를 기다린다. 데리러 나갈 테니 꼼짝하지 말고 있으라는 큰 찻길에서 갈래 난 샛길 들머리다.

겨울 오후 나절 해는 금세 설핏해졌다. 산 그림자 길어진 산모퉁이만 목이 빠지라 바라보고 있다. 팔순 노모가 원동기를 몰고 하마 올까하고 눈이 시리게 기다려도 모퉁이를 돌아오는 그림자는 보이지 않는다. 차라리 읍내에서 택시를 타고 갈 걸 그랬다. 당신이 굳이 원동기를 몰고 마중 나오겠다고만 하지 않았어도 약속이 이리 어긋나는 일은 없었을 거다. 집 앞 텃밭에도 겨우 오가는 노인을 엄동설한에 운전해 오도록 했으니 내 생각이 한참 짧았다. 걱정되어 어머니 휴대전화기에 전화를 걸어 봐도 운전 중인지 도통 받질 않는다. 무슨 일이라도 생긴 걸까 하고 불안감이 덮쳐온다.

무작정 기다릴 수 없어 양손에 짐을 들었다. 집까지 가는 거리를 얼마간이라도 좁혀야 했다. 내 유년의 선명한 기억 속 산모퉁이를 향해 가다 멈추다 미적미적 걸음을 옮긴다. 벌써 허물어져 흔적조차 사라진, 어머니가 쌈짓돈 꺼내 수박을 사 준 산 중턱 원두막이 있던 모퉁이를 향해 걷는다.

내가 일여덟 살 때쯤이었을 거다. 산골에서 태어나고 자란 아이에게 이십 리 밖 읍내는 머릿속으로 그려보는 막연한 신천지였다. 어른들이 종종 입에 담는 읍내라는 말이 아이 머릿속에다 엄청난 환상을 키웠다. 읍내에 오일장이 서는 날 아침이면 어른들은 장에 내다 팔 곡식이나 채소를 꾸리며 부산했다. 그날도 아버지가 장에 갈 거라는 낌새를 일이챘다. 기필코 따라가겠다며 속다짐하고 있었다. 아버지를 놓치면 읍내 갈 계획이 무산되므로 섬돌에 서서 아버지 몸짓만 눈으로 좇았다.

예감은 들어맞았다. 아버지는 아래채 옆 닭장에서 닭 두 마리를 꺼내어 디리끼리 묶어 꼴망태에다 넣었다. 다리가 묶인 닭은 불안한 외출을 눈치 챘는지 놀란 눈을 연신 굴러댔다. 그때마다 보드라운 볏이 나풀나풀 흔들렸다. 아버지는 닭 담은 꼴망태를 한쪽 어깨에 둘러메더니 골목을 나섰다. 호시탐탐 노리던 기회가 온 거였다. 어머니에게 온다간다 말 한마디 남기지 않고 아버지를 몰래 뒤따라 동구 밖을 벗어나는데 성공했다. 아버지는 마을 어귀를 벗어날때쯤 내가 따라가는 것을 알아챘다. 그러나 쫑쫑대며 따라붙는 강아지를 쫓듯 훠이훠이 예사로운 손짓만 하고는 무심히 앞서 갔다.

종종걸음으로 친구네 물레방앗간을 지나고 염소막과 구전부리 모퉁이, 씨악실 모퉁이를 돌아 읍내 장에 도착했다. 시장은 장에 나온 사람들로 북적댔다. 동구 밖에도 나가본 적 없던 내 눈이 다리 묶인 닭보다 더 휘둥그레졌다. 붐비는 시장 광경에 그만 정신을 쏙 빼앗겼던 모양이다. 줄곧 졸졸 따르던 아버지를 닭 전 근처에서 눈 깜짝할 새에 놓치고 말았다. 사는 동네와 부모 이름도 모르던 내게 닥친 아찔한 사태였다.

아버지를 놓친 닭 시장 입구에 붙박이처럼 서서 한여름 반나절을 보냈다. 혹, 아는 사람이 지나갈까 하고 한길 쪽만 바라보았다. 그래도 고아가 될 운명은 아니었던가 보다. 수없이 오가는 인파 속에 소달구지를 몰고 순식간에 지나가는 낯익은 얼굴이 얼핏 보였다. 눈이 동그랗게 커졌다. 누군지도 모르고 아는 얼굴이라 무작정 따라붙었다. 미아가 될 뻔했던 위기에서 벗어난 순간이었다. 알고 보니 소달구지를 몰던 사람은 친구 아버지였다.

굶어 휑한 눈으로 산모퉁이에 다다랐을 때쯤이었다. 저만치에서 헐레벌떡 달려오는 한 사람이 보였다. "우리 아이 못 봤소?" 라며 파랗게 질려 달려오던 그 얼굴은, 내가 아버지를 따라 장에 따라간 사실을 뒤늦게 알고 나를 찾으러 읍내로 오던 어머니였다. 동네 사람 장 보따리 실은 소달구지 뒤를 터덜터덜 따라가던 그때도 해가 뉘엿뉘엿 넘어가는 꼭 이때쯤이었지 싶다.

어머니는 몰골이 말이 아닌 나를 산 중턱에 있는 원두막으로 데리고 갔다. 그날 어머니는 속곳에 든 쌈짓돈을 꺼냈다. 어머니에게 돈이 있는 걸 처음 봤다. 쌈지 주머니를 열어서 사 준 수박 맛은 세상에서 가장 달았어야 했다. 그러나 더위에 지치고 종일 굶어 입맛을 잃었는지 수박 맛은 밍밍하기 짝이 없었다. 거기다 집에 도착하기도 전에 심한 배탈이 나서 풀밭으로 뛰어갔던 기억도, 그 모퉁이길 돌아 염소막을 지나고 친구네 물레방앗간 지나 집으로 가는 길 곳곳에서 꿈틀댄다. 그때 달구지를 날래게 따라붙은 덕분에 모녀의 인연은 여태 이어지고 있다.

아찔한 기억에 젖어 있을 때 휴대폰이 울렸다. 당신은 당신대로 딸을 기다리다가 자가용 원동기를 돌려 시오리 길을 되돌아 갔다신다. 스산한 날씨에 모녀가 서로 다른 장소에서 종종대며 기다린 결과였다. 다시 데리러 나갈 테니 꼼짝 말고 있으라고 한다.

손에 들었던 짐을 내려놓고 얼마를 더 기다렸을까. 저만치 모퉁이에서 서녘 해를 광배처럼 두르고 작은 원동기 하나가 통통 달려온다. 자식을 위해서라면 거리낄 것 없다며 신작로를 달려오는 모습이 퇴역장교처럼 당당하다. 그런데 막상 가까워진 어머니를 보자 댓바람에 달려온 듯 차림이 허술하다. 열린 앞섶으로 찬바람이 숭숭 들이치겠다. 그런 어머니의 모습이 안 되어서, 한데서 떨고 기다렸을 딸이 안쓰러워서, 마주 보는 서로의 얼굴에 저녁노을처럼 애틋함이 깔린다.

어린 나를 찾으러 달려오던 젊은 어머니가 백발이 성성해져 어른인 나를 마중 나왔다. 원동기 운전석엔 어머니가, 나는 그 뒷자리에 몸을 바짝 붙이고 앉았다. 운전대를 잡은 어머니의 조그만 맨손에 눈이 닿는다. 가죽장갑 낀 내 손이 죄송스럽다. 팔순 노모와 쉰의 딸은 저녁노을에 붉게 물들어 유년의 모퉁이를 달려간다.

『설국』 가는 길

생소한 언어, 말투, 평소와는 다른 체감의 공기, 이색적인 풍경… 우리는 이런 낯선 장소에서 다른 형태의 삶을 엿보며, 더 넓은 세계를 가슴에 품는다. 살아가며 회상할 추억도 풍족해진다. 행복의 기준도 재정립하게 되는 것 같다. 행복감 지수가 높은 사람일수록 여행 빈도가 높다고 한다. 갈망했던 곳일수록 얻는 만족도도 높을 터. 나도 소실 속 문장을 따라 오래 맘에 두었던 눈의 고장에 다녀왔다.

"국경의 긴 터널을 빠져나오자, 눈의 고장이었다."

문학의 힘은 대단하다. 첫 문장이 이만큼 가슴 설레게 하고, 여행을 부추기는 글이 있을까. 이 문장으로 하여 오랫

동안 눈의 고장으로 여행을 꿈꾸었다. 기차가 두 고장을 잇는 터널을 빠져나올 때 딴 세상처럼 눈앞에 펼쳐지는 풍경을 압축한 문장. 주인공과 함께 고도산맥을 지나는 터널을 벗어날 때, 나도 그 시점 같은 공간에 있어보고 싶었다. 터널 이전과 이후가 펼쳐놓는 서로 다른 세상을 직접 확인하고 싶었다.

가와바타 야스나리의 『설국』은 썩 잘 읽히는 글은 아니다. 그러나 상상 속으로 이끄는 힘은 컸다. 터널, 철도 관사, 역장, 밤의 눈, 기차간 풍경, 눈옷, 장화, 온천장, 게이샤…. 이런 단어가 나열되는 소설의 무대를 찾아, 눈에 보이는 거라곤 온통 눈뿐인 차갑게 가라앉은 적요한 마을에 왔다. 도쿄에서 니카타행 죠에츠신칸센을 타고 소설가가 머물렀던 온천으로 향할 때, 기차 안 전광판에 상모고원을 통과하는 중이라는 안내 글이 나왔다. 산맥을 통과하느라 몇 개의 터널을 지나는지 셀 수 없다. 고도가 높아서인지 귀가 자주 먹먹해졌다.

≪설국≫의 고장 유자와는 높은 산맥에 둘러싸였다. 눅눅한 바닷바람이 산맥에 부딪혀 초겨울부터 이른 봄까지 눈을 쏟아 붓는다. 터널 전과 후의 지역 기후가 이렇듯 다른 연유는 높은 산맥에 있었다. 첩첩이 두른 우람한 산이 이른 봄 햇살에 새하얗게 반짝인다. 기차가 이전 역을 출발했을 때만 해도 차창밖엔 벚꽃이 한창 만개하고, 들판에는

보리가 새파랗게 자라거나 때 이른 아지랑이가 보일 듯 봄빛이 완연했다. 그런데 고장이 바뀌는 국경의 긴 터널을 빠져나오자 소설 첫 문장에서처럼 하얀 겨울이 열린다. 이 고장 특이한 풍취가 소설 첫 문장으로 탄생했음을 생생하게 확인한다.

에치코유자와역을 나서니 4월 초에도 척설이 쌓여 있다. 곳곳에 꽂힌 빨간 눈금이 표시된 2m 높이의 막대기를 보니 눈의 고장임이 실감난다. 산맥으로 둘러싸인 눈의 성에 들어온 기분이다. 햇볕은 따스한데 얼굴에 닿는 공기는 얼음처럼 차갑다. 마을 뒷산에는 스키어가 탄 리프트가 쉼 없이 오르내리고, 계곡에는 눈석임물이 비 온 후처럼 콸콸 흐른다. 봄 속에 겨울이 공존하는 세상이 펼쳐진다. 『설국』이 탄생한 고장은 눈처럼 해맑은 감성을 아기자기한 문체로 쓴 소설의 배경답다. 노벨문학상 수상 작가를 모신 마을이, 이 마을 사람이 부럽다. 얼마나 자부심이 클까 하고.

> 바람이 차가워질 무렵, 쌀쌀하고 찌푸린 날이 계속된다. 눈 내릴 징조이다. 멀고 가까운 높은 산들이 하얗게 변한다. 이를 '산돌림'이라 한다.
>
> 또 바다가 있는 곳은 바다가 울리고, 산 깊은 곳은 산이 울린다. 먼 천둥 같다. 이를 '몸 울림'이라 한다. 산돌림을 보고 몸 울림을 들으면서 눈이 가까웠음을 안다.

기차가 다니지 못할 정도로 많은 눈이 내리고, 눈에 갇힌 채 긴 겨울을 보내야 하는 고장에 눈의 계절이 도래했음을 알리는 소설 속 문장이다. 작가가 외진 한촌에 불과한 유자와 온천에 머물게 된 건, 자연 풍경 묘사에 대한 작가로서의 관심 때문이었다고 전한다. 당시의 문학, 특히 소설이 자연에서 멀어지고 자연을 표현하는데 낡고 구태의연한 단어들만 떠올린다는 한계를 절감했다. 이런 고뇌에 젖은 작가와 유자와 마을의 한적한 분위기가 잘 맞아떨어졌을 것 같다. 산책하듯 찬찬히 읽을 때 제 맛을 내는 소설이다.

나는 소설 문장 전개보다도, 상상하지 못할 엄청난 눈이 덮어버린 세상이 과연 어떨까가 궁금했다. 과연 집은 눈에 파묻혀 지붕만 보이고, 적설량을 표시하는 긴 작대기의 어디까지 눈이 쌓였을까 하고. 시기상으로 봄인데도 지붕마다 눈이 수북이 쌓여 있다. 길가 잣눈을 발로 툭 차보고 손으로 뭉쳐본다. 눈 덕분에 스키마니아가 몰려들고, 눈이 운치를 더해 소설의 현장을 찾는 사람들 발길이 끊이지 않을 곳이다.

마을 중심을 관통하는 길을 따라 다카항여관으로 가는 길에 평생 보지 못한 거대한 눈 무더기를 만난다. 쉬엄쉬엄 걸어 당도한 다카항여관 소설 탄생지임을 알리는 간판 앞에서 두 손을 치켜들고 야호를 외친다. 그가 『설국』을 집필한 여관 앞에서 버킷리스트 하나를 지운다.

여관은 마을이 한눈에 들어오는 언덕배기에 자리했다. "여관방에 앉아 있으면 모든 걸 잊을 수 있어 공상에도 신선한 힘이 솟는다."라고 한 다다미방 낡은 의자에 앉아보았다. 앞쪽 전면 창밖은 산도 하얗고 마을 지붕도 하얗다. 비스듬한 언덕 저 아래쪽으로 작가가 타고 다녔다는 국철이 지나는 가라유자와역이 보이고, 역 뒤편에는 스키어들이 원색 옷차림으로 유유자적하다. 낡은 탁자와 의자, "여관주인이 특별히 꺼내 준 교토 산 옛 쇠 주전자에서 부드러운 솔바람 소리가 났다."라고 한 그것인지는 모르겠지만 쇠 주전자 하나, 화로, 소설 속 고마코의 실제 모델인 게이샤 마츠에이가 썼을 법한 자그맣고 낡은 경대가 놓여 있다. 그녀는 가와바타를 지극정성으로 모셨다고 전한다.

작가가 썼다는 방에 앉으니 한 며칠 쉬어가고 싶다. 글쓰는 일은 그 다음이고, 집 앞 풍경을 싫증나도록 보고 싶다. 우람한 에치코산맥, 터널을 빠져나오거나 진입하는 기차, 아늑히 내려다보이는 눈 덮인 마을, 뜨거운 온천수에 몸 담그고 내다보는 운치…. 책이 출간된 1937년 당시만 해도 지금보다 훨씬 한적해 소설 속 분위기가 한층 실감났을 것 같다. 원래의 예스런 목조 건물은 불탔다. 새로 지은 현대식 양옥이라 좀 실망스럽다.

이 여관에서 하룻밤 묵지 못했지만, 온천수에 몸 담근 것으로 애석함을 달랬다. 준비가 미흡한 여행 끝에는 이렇듯 아쉬움이 따른다. 더구나 그곳이 국외일 때, 다음에 가게 된다면 그땐 놓친 것도 채울 것이라는 후회도 따른다. 문학 탄생 현장에서 소설 속 한 문장이 되고, 작가가 들려주는 문학 강의를 들은 듯 여운이 감돈다. 가방을 풀어놓고 싶지만, 한 나절 머문 것으로 만족하자며 맘을 달랜다. 역 도시락 에키벤을 사 들고 기차에 오른다. 설산의 배웅을 받으며 기차는 금방 터널 속으로 들어선다.

어머니의 애물

시외버스 꽁무니가 흐릿하다. 애써 참았던 마음이 무너지며 눈이 그렁그렁해진다. 버스가 터미널을 구물구물 빠져나갈 동안 어머니는 줄곧 나를 외면했다.

추수가 끝나갈 무렵 친정어머니에게서 전화가 왔다. 도시 백화점에 가면 보들보들한 밍크 옷이 많이 있느냐고 물었다. 단단히 벼른 눈치다. 읍내 장에서 만 원짜리 옷을 실 때도 벼르는 당신이 이웃 사람이 입은 가볍고 부드러운 밍크 옷이 부러웠던 게다. 가격이 만만치 않을 거라고 걱정하니, 아버지가 사라고 했나며 목소리에 힘을 주었다.

어머니가 옷을 사러 시골에서 온 날 하필 날씨가 매서웠다. 터미널로 마중을 나가니 당신은 벌써 도착해서 의자에 보따리를 올려놓고 두리번거리고 있었다. 키가 더 줄어든

건가. 허리 구부정한 낯익고 안쓰러운 노모의 작은 모습에 순간 울컥했다.

다가가 반기니 얼굴이 왜 이리 까칠하냐고 오히려 혀를 찼다. 관절염 앓는 다리로 짐을 들 수도 없으면서 먼 길에 시루떡까지 해왔다. 어머니는 김을 빼려고 느슨하게 묶었다는 떡보따리 끈을 풀어서 다시 질끈 졸라 묶었다. 떡보따리를 들고 성큼성큼 앞서 걷는 나를 어머니는 동동걸음으로 따라오셨다.

우리는 백화점과 상가의 밍크 옷 판매장을 돌며 우선 눈부터 틔었다. 어머니는 언제 아팠냐는 듯 행동이 바지런했다. 큰 맘 먹고 일 저진 사람 같은 각오가 배어났다. 시장 난전 옷을 사는 일도 아니고, 평생 입어본 적 없는 비싼 옷을 고르는 일이었다. 그 심정이 이해되었다. 한나절 돌아본 끝에 마침내 왜소한 당신 체구에 어울리는 옷을 고를 수 있었다. 밍크 옷은 키 작은 어머니의 엉덩이까지 푹 감쌌다. 그 옷을 입고 매장 거울 앞에서 앞뒤로 비춰보며 어떠냐고 연신 물었다. 발품에 지쳐 건성건성 좋다고 하는 내 말에 마침내 마음을 굳힌 듯했다. 어머니는 속바지를 들추어 쌈지를 열고는 반으로 접은 지폐뭉치를 꺼냈다. 당신이 평생 일하고도 자신에게 한번 써보지 못한 큰 액수였다. 그만한 돈을 장만해준 아버지 마음도 헤아려졌다.

내게 돈을 건네는 어머니 손이 가늘게 떨렸다. 뭉칫돈을 받아 액수를 확인하고 옷가게 직원에게 건네는 내 손도 떨렸다. 쌀 몇 가마니의 돈을 옷값으로 치렀다. 당신 얼굴엔 홍조가 가시지 않았다. 집에 와서도 옷을 만져보고 입어보는 당신의 포만감이 내게도 전달되었다. 나에게 입어보라고 재촉했다. 옷을 입고 앞뒤로 돌아 보이며 몇 번이고 모델 역할을 했다. 솜털처럼 가볍고 포근하다고 하자 당신 얼굴 가득 충족감이 번졌다. 밍크 옷은 땅 파서 자식 농사 잘 지은데 대한 유세이자 자신에게 하는 보상이었을 것이다. 온몸이 삐걱거리도록 버겁게 살아온 삶에 비하면 턱없이 부족하면서도 떳떳하며 당당한.

시외버스는 금방 시야에서 벗어났다. 평생 작업복만 입다가 밍크 재킷을 사서 품에 안고 가는 기분이 어땠을까. 딸에게 사 주지 못하고 당신 옷만 사가는 마음이 미안하셨나 보다. 내내 반대쪽 창을 바라보던 어머니는, 끝내 나를 돌아보지 않은 채 터미널을 빠져나갔다. 버스가 시야에서 벗어나고도 허우룩한 발길은 터미널을 서성인다. 목에 가시처럼 걸린 딸이 치맛자락 잡은 아이처럼 졸래졸래 따라붙을 것이란 걸 안다.

추수를 끝낸 농촌은 겨울 낮처럼 짧은 농한기에 든다. 파종하고 가꾸어 추수하기까지 기나긴 노동 끝에 갖는 천금 같은 휴식기다. 그 시기에 마을 사람들은 회관에 모여 농사 걱정 잊고 여유를 누린다. 각자 먹을거리를 챙겨와 한솥밥

지어먹으며, 자식 손자들 얘기로 모처럼 한가한 겨울 한 철을 보낸다. 당신도 도시 백화점에 갔다 왔다며 더러 과장 섞인 이야기보따리를 풀어 놓으실까. 하루에도 여러 번 옷을 꺼내보고 입어보며 외출할 날을 고대하시겠지.

어머니 가신 지 며칠 지나 쌀자루가 도착했다. 어머니는 시장에 갈 때 어찌 이 좋은 옷을 입고 가겠느냐며 옷을 아끼신다. 요즘도 바깥바람 쐴 일 없이 옷장에 고이 걸려 있다. 당신 세상 떠나면 나더러 가져가 입으라신다.

그 옷 지금은 허리가 꺾여 못 입으신다.

눈물

여자가 소리 없이 울었다. 챙 넓은 모자를 눌러 써 얼굴 가린 채, 부두에서 피조개 까는 여자가 속울음 울고 있었다. 눈물은 여자의 턱에 고여서는 조개 위로 똑똑 떨어져 내렸다. 늦가을 바닷가에서 보지 말아야 할 광경을 본 사람처럼 뜨끔해져 얼른 시선을 돌려버렸지. 여자의 눈물은 스물다섯 고개를 막 넘어가는 너의 가을을, 또 한 해를 넘기고 있는 기약 없는 어촌 생활을 한층 스산하게 했을 게야.

네가 풋풋한 삶을 풀어헤치고 한번 살아보기도 전에 유배 가듯 건너가 신혼을 보낸 어촌. 부두엔 늘 설렁한 바람이 술렁대었다. 피조개를 수확할 무렵이면 바닷바람은 부쩍 차가웠지. 어부들이 바다에서 조개를 채취해 부두로 싣고 오면 아낙들은 수북하게 부려놓은 피조개를 까는 작업을 했어. 부두에는 챙 모자 쓴 아낙들이 피조개 더미 주변에 둘러앉은 광경을 흔하게 볼 수 있었다. 갓 백일 지난 아이를 둔 너는 시집살이도 서툰 데다 비릿한 바닷바람도 낯설었겠지. 마을 사람과도 털털하게 면 틔우지 못해, 흡사 이국땅에서 홀로 적응해가는 막막함을 삭여야 했을 것이야.

그런 마을에 바닷바람을 탄 소문이 돌았다. 해풍이라곤 쐬어보지 않은 듯 뽀얀 얼굴을 한 여자가 어디에선가 흘러들어 왔다고. 조개를 까는 일 따위 일을 할 사람이 아니라는 말도 덤으로 묻어왔다. 바로 그 소문 속 여자가 조개를 까고 있더라니. 여자들 거친 수다에도 없는 듯 앉아 서툰 손놀림 서럽게 하며. 어쩌다가 예까지 흘러들어와 눈물짓던 여자와, 달곰삼삼한 신혼생활은 일찌감치 접은 채 시부모, 시숙, 시누이, 조카들 틈바구니에서 더부살이하던 너의 처지가 겹쳐 보였지.

언젠가 들른 벌교의 한 식당에서였다. 일행이 다양한 꼬막요리 맛에 감탄하며 게걸든 사람처럼 먹어댈 때, 포악한 삶에 휘둘려 차츰 어촌 아낙이 되어갔을 여자가, 여자의 턱에서 방울방울 떨어지던 눈물이 떠오르더군. 귀퉁이를 접어놓은 페이지 같은 네 삶의 한 부분도, 여자의 물빛 눈물에 어린 네 젊은 날 밑그림 한 토막도.

인디언 경구에, 눈물이 없는 자의 영혼에는 무지개가 뜨지 않는다든가. 눈물을 흘릴 줄 모르는 비정함을 꼬집는 말일 터. 그러나 무사태평으로 보이는 사람들도 마음 속 깊은 곳을 두드려보면 어딘가 슬픈 소리가 난다고 했다. 심장이 살아 뛰는 한 눈물은 존재할 것이라 믿는다.

그 근원이 무엇이건 눈물은 보는 이에게 전염시키는 성질을 가졌다. 본성이 가장 투명해진 순간에 흘리는 감정의 결정체여서일까. 감성이 메말라 눈이 뻑뻑할 때 여자의 눈물이 떠오른다. 피조개 까던 여자가 쏟아낸 눈물은 일기장 속 특별한 기록으로 각인되었다.

기억 속 빛바랜 바다 풍경 속에서 슬렁대는 새댁을 가끔 만난다. 다 흘러간 이야기라며 꺼내놓기엔 아직 물기 어린 젊은 날의 구비 동화를.

꽃 보러 가자

봄은 꿈틀거림으로 시작한다. 생명체가 벌이는 한바탕 축제로 대지가 들썩인다. 몸에 감기는 실바람에 가슴엔 두근두근 연둣빛 움이 트고, 헐벗었던 나무의 모공마다 싹과 꽃망울이 태동하는 봄은 축제 그 자체다. 매화며 산수유, 목련, 벚꽃, 유채꽃이 앞다퉈 꽃바람 일으키면 온 땅은 꽃향기로 뒤덮인다.

봄은 '보다'의 '봄'일 것이다. 살랑대는 봄의 유혹에 밖으로 뛰쳐나가 눈으로 보고, 마음으로 보라는 몸짓일 테다. 묵은 나무에 싹이 돋고 꽃봉오리 터지는 소리로 봄은 날마다 왁자지껄한 축제일인 게다. 각양 꽃이 출렁출렁 벙그는 기적에 움츠렸던 마음이 빗장을 활짝 연다. 마음이 봄 속으로 슬몃 걸음을 내딛는다.

봄 마중할 곳으로 꽃시장이 적격지다. 노포 꽃시장, 석대 꽃시장, 엄궁 화훼공판장, 철마 화훼단지에 가면 형형색색, 알록달록 갖은 원색 차림의 봄꽃이 계절을 앞서 나와 있다. 겨울이 칙칙해 보이는 까닭은 어둑한 계열의 옷이 많기 때문이기도 하겠지만, 마음 움직임까지 두꺼운 옷 속에 꽁꽁 닫아둔 탓이 클 거다. 만날 대상이 꽃이라 그런가. 봄을 만나러 가는 발걸음이 산뜻하게 차려입은 옷만큼이나 가뿐하고 설렌다.

지하철 3호선 반여농산물시장역에서 내리면 큰길 따라 즐비하게 늘어선 화초가 서로 발길을 이끈다. 석대 꽃시장이다. 꽃이 저마다 향기를 자욱이 내뿜는다. 올망졸망 나와 앉은 꽃모종을 보기만 해도 푸릇한 기운이 전달된다. 까라솔, 비모란, 정야, 청옥, 취설송, 하트호야 같은 생소한 이름의 다육 식물과 수선화, 히아신스와 같은 구근류가 대다수나. 갓 꽃망울을 피운 천리향 묘목이 향낭 터트렸나. 향기가 안개처럼 드리웠다. 그러고 보니 화원은 꽃에다 향기까지 덤으로 얹어 판다. 꽃향기도 날마다 맡으면 무감각해지지 않을까. 공기 속으로 흩어지는 향을 밀봉한 주머니에 담아 서실이며 안방에 풀어놓고 싶다. 꽃잔디, 단정화, 바위솔, 아기별꽃, 애기똥풀, 천상초, 풍로초, 할미꽃… 이름도 꽃처럼 예쁘다. 겨울을 보내느라 빼근하고 무겁고 결린 몸이 팔팔한 봄기운을 흠뻑 들이켠다.

집 뒷산 언저리 양지바른 곳에 땅 열두 세 평을 세내었다. 모종 심을 땅을 파 엎어 애벌갈이하며 농사지을 생각에 들떠있던 차다. 꽃시장에 오니 채소 농사는 관두고 꽃모종이나 종류별로 사다가 꽃밭이나 꾸몄으면 싶어진다. 베란다에 한 평 땅만 있으면 천리향도 라일락도 심을 텐데.

> 4월은 가장 잔인한 달
> 죽은 땅에서 라일락을 키워 내고
> 추억과 욕정을 뒤섞고
> 잠든 뿌리를 봄비로 깨운다.
> – T.S. 엘리엇 〈황무지〉 일부

봄은 흔드는 계절이다. 봄은 만물을 흔든다. 바람은 물결을, 꽃가지를 흔든다. 잠든 뿌리도 흔들고 생기 잃은 영혼도 뒤흔든다. 겨우내 가라앉았던 몸이 흔들린다. 죽은 땅도 꿈틀대는 봄엔 좀 흔들린들 어떠랴.

겨우내 머금은 땅 기운을 발산하여 그런가. 이른 봄에 피는 꽃은 그 색깔과 향이 온화한 듯하지만, 기실 꽃잎의 색도 선연하고 향도 짙다. 특히 매화꽃이 그렇다. 꽃이 화사하면서도 강렬하지 않고 그윽하다.

사진 찍는 이들에게 김해건설공고는 남녘지방에서 꼭 가

야 할 출사지 중 한 곳이다. 이곳 매향이 봄바람 타고 퍼지면 너도나도 카메라를 챙겨 들고 김해로 모여든다.

부산김해경전철을 타고 박물관역에 이르기까지 탁 트인 풍경에 시야가 넓어진다. 교문을 들어서면 양쪽으로 늘어선 매화나무가 흰눈색, 유백색, 진분홍 꽃을 만발해 향에 취하게 한다. 마디마디 굽고 휜 매화나무, 죽은 듯 살아있는 고목 어디에서 그 많은 꽃을 피울 힘이 샘솟는지. 줄기의 굽이친 모양새가 엎드린 용과 같이 생겼다고 해서 와룡매라는 이름도 붙었다. 우둘투둘 거친 가지마다 고아한 매화꽃이 피어났다. 고목의 거침과 꽃의 연함, 투박함과 보드라움이 노파와 갓난아이를 연상시킨다. 옹이 지고 꺾일 듯 휘어서도 꽃을 소복이 맺어 봄을 진두지휘한다. 이 학교 학생들은 얼마나 행복할까. 봄이면 매화나무 수십 그루가 동시에 뿜어내는 향에 날마다 취할 것이니.

매화꽃을 유독 탐하는 새가 있다. 바로 동박새다. 매화꽃 필 무렵이면 찾아와 꽃을 독차지한다. 참새 크기만 한 이 녹갈색 새가 등장하면 카메라 셔터는 분주해지고, 새는 웬만한 셔터 소리에는 끄떡없이 꿀에 탐닉한다. 매화나무에는 역시 동박새가 앉아있어야 어울린다. 흐드러진 매화꽃에 파묻혀 하루를 놀아났다. 하나, 혼자 누리는 꽃 잔치가 무에 신 나랴.

비 개니 풀빛은 하늘에 닿아 푸르고
바람 따스하니 매화꽃 재 넘어 향기 풍겨온다.
강둑길 걷는 관리 마음은 울적한데
봄빛은 어이하여 나그네 마음 휘젓는가.
– 이규보 〈犬浦偶吟, 견포에서 우연히 읊다〉 일부

봄의 화사한 기운은 해묵고 맺힌 감정도 풀리게 한다. 봄빛은 무심한 사이를 휘젓는다.

경부선 상행선 기차를 탈 때면 좌측 창가에 앉고, 동해남부선 기차를 탈 땐 우측 창가에 앉아야 한다. 경부선에선 양산 물금과 원동 지나 밀양 삼랑진에 이를 때 낙동강과 어우러진 화폭 속 그림 같은 강변 풍경을 봐야 함이고, 동해남부선은 해운대에서 송정으로 가는 길에 철길 아래로 펼쳐진 해안절경을 봐야 하기 때문이다.

동해남부선이 청사포를 지날 때면 기차가 바다 쪽으로 기운다던가. 이는 바다 쪽으로 사람들이 일순 몰리기 때문이라는 우스갯소리다. 한데 동해남부선 복선작업은 해운대~송정 간 낭만의 바닷길 구간을 끊어버렸다.

낙동강과 나란히 달리는 경부선철도 물금에서 삼랑진에 이르는 철로변 풍경은 아름답기로 손꼽는 구간이다. 이른 아침에 물안개가 피어오를 때, 가을이 깊어갈 무렵 적갈색이나 담황색으로 채색된 강변은 일찌감치 나를 사로잡았다. 바로 그 구간 강 건너편에 원동 원리마을이 있다. 이곳이 유명세를 탄 것은 산등성이에 흐드러진 매화 때문만은 아니다. 매향 흩어지는 철길로 보기만 해도 가슴 뛰는 기차가 나무에 닿을 듯 지나간다. 매화 핀 언덕 아래로 〈닥터 지바고〉에서처럼 기차가 불쑥 나타나면 원리마을 언덕배기에서 대기하던 사진가들은 숨을 멈추고 셔터를 눌러댄다. '순매원' 매실농원 간이의자에 앉아 지나는 기차에 손 흔들며 파전 안주에 동동주 한잔 기울여도 좋다. 이곳 명물인 이천 원짜리 국수도 먹어 보라. 이미 그해 봄을 다 누린 거나 진배없을 테니.

휘어진 길 돌아서 가는 열차의 불빛
삼랑진, 낙동강변으로
이어진 길
추억이 아득할수록 그날의 불빛은 살아
차라리 따스하고 아름답다
– 홍수진 〈경부선 원동역〉 일부

원리마을이 고향이라는 홍 시인의 시비를 순매원 입구에서 만났다. 꽃 속으로 들어가며 뜻밖의 시를 만나 그 앞에서 걸음 멈추는 이 많다. 시인은 세상을 떠났지만 시는 남아 죽어서도 고향 길을 노래한다.

웅크린 봄을 깨우는 꽃은 뭐니 해도 동백꽃이리. 동백은 알싸한 추위 속에서도 붉은 꽃을 도도히 피우며 봄의 태동을 선두에서 알린다. 화르르 피었다 화르르 져버리는 봄꽃과 달리 겨울 끝자락에서부터 피고지고, 피고 진다. 동백꽃을 보면 "선운사 고랑으로/ 선운사 동백꽃을 보러 갔더니/ 동백꽃은 아직 일러 피지 않았고…"의 서정주 〈동백〉의 시구부터 웅얼거려진다. 그러나 강진 다산초당 재 너머 백련사 동백을 보러 가는 길에 서면 다산의 유배가 먼저 떠오른다.

남도의 따스한 봄볕을 쬐며 그분의 꼿꼿한 성정처럼 올곧게 뻗은 두충나무 숲을 지난다. 나무뿌리가 불거져 그대로 길이 된 가풀막 산길을 걸어 다산초당으로 향하며 그분이 남긴 유배 흔적에 묵념한다.

"그대 밖에 없다. 문장에서도 그대 능가할 자 없고, 100년만의 재상 재목 그대밖에 없다."라고, 정조로부터 한때 신임 받았던 그가 1801년에 유배되어 무려 18년을 산 곳에서.

유배 와서도 사람들로부터 우러름을 받던 그가 해배解配되어 떠날 때, 제자들은 엎드려 절을 올리고 백성은 땅바닥에 머리를 조아렸다. 일표이서一表二書(경세유표 · 목민심서 · 흠흠신서) 등 수많은 저술과 후학양성을 하는 동안, 백발이 되고 상투를 틀어 올릴 수 없을 만큼 머리카락이 빠져 버린 다산. 그가 삭인 절절한 사연이 동백꽃에 물들어 이토록 붉은 건 아닐지. 다산초당에서 백련사로 가는 오솔길엔 200년 전에도 그러했을 따스한 봄볕이 솜털처럼 포근하게 감긴다. 뭉툭 떨어진 꽃송이를 밟을세라 걸음이 조심스럽다. 다산이 나라와 젊은이를 생각하며 오갔을 동백 길엔 한창 꽃이 벙글고, 이른 낙화는 지나간 역사인 듯 색이 바랬다.

다산이 귀양 온 뒤 백련사에 머물며 다산을 만나고자 했던 이가 있다. 아암 혜장스님이다. 혜장스님은 별러온 다산과의 첫 만남에서 그의 인물됨을 알아보고는 큰 절을 세 번 한 후 스승으로 모시기로 한다. 이후 정공이라 호칭하며 자주 찾아가 밤새 차를 마시며 주역을 논하고, 정공도 자신을 찾아와서 차도 마시고 외로움을 달랬다고 전한다. 그때 서로 오간 길이 다산초당에서 백련사에 이르는 길이 아니었을까 여기니 걸음걸음이 예사롭지 않다. 18세기 후반 동시대에 태어나 남도에서 엮인 초의와 추사, 다산과 혜장이 나이를 초월해 나눈 우정은 시대가 엮어준 우연일까, 필연일까. 이들의 자취가 남겼을 백련사 앞 녹차 밭엔 아직 새순이 트지 않았다.

아침에 일어났을 때, 맑은 하늘에 구름이 둥실 떴을 때

낮잠에서 깨어났을 때, 밝은 달이 시냇가에 떠 있을 때
한잔의 차가 목마르다오
……
살짝 훔쳐 듣건대
고해의 다리를 건너는 데는 스님들의 보시가 제일이고
명산의 고액인 서초의 우두머리인 차를 살짝 베풀어
주시는 것이라 했소
목마르게 바라노니
부디 그 은혜를 아끼지 마옵소서
— 정약용 〈걸명소乞茗疏〉 일부

다산이 혜장에게 걸명소를 보낸 건 비단 한잔의 차가 목말랐기 때문이었을까. 혜장과 교유하며 지식을 논하고 차를 마시며 마음도 다스렸을 것이다. 그들 우정의 발자국이 새겨졌을 동백 숲길 걸으며 '동백꽃이 뭉텅 질 때' 차가 목마르다고 걸명소에 한 줄 보탠다. 유배 중이라 번잡한 가운데서도 잃지 않은 풍류와 여유가 그립고 안쓰럽다.

春眠不覺曉 봄잠에 빠져 새벽이 온 지 몰랐더니
處處聞啼鳥 여기저기서 새들이 우는구나.
夜來風雨聲 지난밤 내내 비바람 소리 들리더니
花落知多少 꽃은 또 얼마나 졌는지!
— 맹호연 〈春曉, 봄날 새벽〉 전문

어쨌든 봄이다. 춘풍이 세상을 들깨운다. 하늘과 땅이 환하다. 간지러운 봄바람이 마구잡이로 들쑤셔 대지에는 생명의 문이 모조리 열리고, 꿈틀대며 시작한 봄이 한껏 기지개 켠다. 싱그러운 봄이 어서 와 우리도 대지처럼 생기 차기를 얼마나 고대했나. 꽃 보러 가자. 훈풍에 봄 갈라. 하룻밤에 꽃 다 질라.

사막을 건너다

지난여름은 혹독했다. 찜통더위는 피할 수 없는 철벽을 만들고는 그 안에 나를 가두었다. 몸에서는 빨래한 옷을 짜듯 땀이 흘렀다. 밤이면 낮에 받은 열기로 죽은 듯 널브러졌다가 새날이 밝으면 벌레처럼 꿈틀대며 고개를 치켜들었다. 거기에다 두통과 어깨 통증에 설상가상 덮친 불면으로 나라는 생명체가 휘청거렸다. 한여름을 숨만 살아있는 솥발내기로 보냈다.

이렇게 가혹한 여름이 기다리고 있을 줄이야. 건강할 때 갔다 온 캘리포니아주 모하비사막이 내내 눈에 어른거렸다. 여행했던 라스베이거스의 휘황한 야간 불빛이나 그랜드캐니언의 장엄함도 아니었다. 푸른 바다를 가로지른 샌프란시스코의 금문교도, 태평양을 낀 아름다운 캘리포니아

해안도 아니고, 온종일 달리기만 한 모하비사막 길이 줄곧 떠올랐다. 해발 천 미터, 차로 몇 시간을 달려도 끝나지 않을 듯 펼쳐지던 황량한 땅, 물기라고는 없이 바짝 마른 대지에 내리쬐던 고도로 뜨거운 볕과 투명한 햇살, 벌레를 미라로 만들 만한 건조한 날씨….

문명이 방치한 것으로 보이는 그곳에도 생명체는 있었다. 내내 눈길을 끈 건 죽은 듯 살아 메마른 땅을 잠식한 덤블링 트리였다. 지나치다 언뜻 보면 마치 가시덤불처럼 보였다. 이 나무는 살아가는 방식이 유목민을 닮았다. 살고자 하는 땅에 자리잡기가 힘들면 미련 없이 뿌리를 포기하고 바람따라 뒹굴어 새 터전을 찾아 나선다. 줄기만으로 사막을 방랑하다 물기가 있는 적당한 장소를 만나면 뿌리를 내린다는 나무다. 지난여름 내 몸이 한없이 처질 때 이 나무가 떠오른 건, 나무가 살아가는 방식에 동병상련의 마음이 든 때문인지도 모르겠다.

몸의 수분과 영양 결핍은 메스꺼운 증세로 호소했다. 뒤척이는 밤이 잦았다. 생물에게 고역의 땅인 사막은 그 지역이 따로 있는 게 아니었다. 내가 있는 곳이 지독히 고통스러운 사막이었나. 외로움은 당하는 것이고, 고독은 자신이 만드는 거라던가. 그러나 나의 고독한 여름은 결코 나 자신이 만든 거라고 여겨지지 않았다. 어느 때부터 그 길에 들어서서 황량한 땅을 터벅터벅 걷고 있는 내가 보였다. 물론 처음엔 그처럼 막막한 여정이 될 거라는걸 전혀 내다보지 못한 채.

사막을 생각하면 『어린 왕자』가 먼저 떠오른다. 이어 모래바람이 불고 풀 한 포기 자라지 않는 메마른 땅이 겹쳐진다. 그러나 막상 가서 본 모하비사막은 막연히 생각했던 모래땅이 아니라 지독히 건조한 황무지였다. 광활하고 황폐한 대지에 건초더미 같기도 하고 덤불 같기도 한 나무가 마른 땅을 덮다시피 널려 있었다. 그 경이로운 광경에서 눈을 뗄 수 없었다. 땅에 납작 붙어 자라는 나무의 습성은 고지대에서 세찬 바람에 견디려는 생존본능인가 보았다. 그 나무 한 포기를 뽑아다 집 화분에 심고 싶다는 생각이 줄곧 들었다. 나무에는 못할 짓이지만 나무를 보며 그곳의 바람과 햇살을 떠올리고 싶다는 생각에서였다.

로스앤젤레스에서 사막의 물류거점 도시 바스토로 가는 길은 높은 건물도 막힌 산도 없이 뻥 뚫렸다. 대지라는 말이 어울리는 너른 땅이 3D 입체영상처럼 버스 앞 차창으로 달려들었다. 막힘없이 몇 시간을 달린 사막 도시 라스베이거스로 가는 길 또한 황무지였다. 삭막한 게 아니라 시야를 막는 게 없어 통쾌했다. 기력이라곤 다 빠져나간 껍데기 같은 몸으로 버틸 동안 마음은 그 고속도로를 달리는 꿈을 꾸었다.

복용과 물리치료를 병행하며 가을을 넘기고 겨울을 맞았

다. 활동하는 낮에는 좀 견딜만하다가도 날이 저물면 머리가 묵직해 왔다. 그 밤을 또 어찌 버틸까 하고 겁이 났다. 잠시 집 앞에 나갔다 오려한 외출이 여의찮게 긴 여행이 되어버린 격이었다. 어깨 치료를 하는 의사는 스트레스성이라고 하고, 주치의격인 동네 내과병원 의사는 갱년기증상이라고 했다. 어쨌든 어린왕자처럼 누군가와 함께 앓을 수 없는 고독에 길들어야 했다.

아파보면 인생관도 바뀌는 건가. 나도 이만큼 고통 받기 전에는 다른 이의 아픔도 어쩌면 건성으로 대했을 것이다. 왜 꼭 처해보고서야 남의 사정도 헤아리게 되는 건지. 한 치 앞도 모르는 사람 마음이 얼마나 자기중심적인가를 깊이 깨닫는다. 여행한 기억이 한 줄기 단비 되어 기운을 붙들어 주었다. 백여 개의 짐칸을 달고 긴 짐승처럼 대지를 가로지르던 화물 기차나 산 정상에서 위풍당당하게 돌아가던 수많은 풍차며, 산뜻한 원색에 세련된 차체를 저마다 뽐내며 달리던 대형 운송 트럭들, 요세미티 국립공원의 어마어마한 높이로 기선을 제압하던 바위산과 그 꼭대기에서 쏟아지던 폭포. 규모에서부터 놀라웠던 그런 것들이 아스라이 그립다. 지난 여행을 반추하는 것은 여행할 수 있는 건강이 간절한 때문이리.

아등바등 건너온 지난여름은 나만의 사막으로 기억될 거다. 그 여름은 물러갔지만 나는 아직 후유증을 다스리는 중이다. 고독할 때 위안이 되어준 덤블링 트리를 떠올린다. 군락을 이뤄 서로 의지하는 그들을 가까이서 보고 싶다. 대형버스 앞자리에서 파노라마처럼 달려오는 이국의 길을 달리고 싶다.

내 마음의 뒤란

가겠다는 기별을 해서인지 대문이 활짝 열려 있다. 송아지가 걸핏하면 집 밖으로 나가 천방지축 뛰어다니는 통에 평소엔 꼭 닫아놓는 대문이다. 마당으로 들어서자 낯익은 집이 무던한 얼굴로 나를 반긴다. 아버지가 편찮아서인가. 좀 고적한 기운이 감돈다. 처마도 더 낮아진 것 같다. 딸이 왔다고 소리를 높여도 안에선 인기척이 없다.

마당에서 잠시 괴괴한 집안을 둘러본다. 수돗가 차양 아래엔 종자로 쓸 옥수수가 둘씩 묶여 간이 빨랫줄에 걸려 있다. 상독 위 채반에는 밭에서 가을건이한 붉은 고추 여남은 개가 널렸다. 햇살이 잘 드는 평상 위엔 흙이 말라붙은 호미 한 자루와 모지라져 뭉툭해진 몽당비가 연로한 부모님 모습으로 볕 바라기 하고 있다. 아무도 내다보지 않는 걸 보니 어머니는 잠깐 마을에 나간 모양이다.

가방을 얼른 마루에 내려놓고 아버지가 거처하는 방문을 열었다. 아버지는 당신 혼자서는 거동하지 못한다. 딸 목소리가 들려도 반겨 맞을 수가 없다. 아니나 다를까. 풍으로 몸져누운 아버지가 딸이 온 것을 기척으로 알곤 문 쪽으로 천천히 고개를 돌린다. 어머니로부터 아버지가 가끔 정신을 놓을 때가 있다는 말을 들은 터라 내심 딸을 몰라보면 어쩌나 싶었다. 반가움과 뭉클함으로 얼른 달려가 아버지 손을 덥석 잡았다.

아버지는 평생 농사지어 온 논을 남에게 내어주고 이제 쉬겠거니 했는데 그만 덜컥 쓰러졌다. 천직인양 해 온 일을 그만두려니 허망하고 허탈했던 걸까. 지지대처럼 당신 삶을 지탱해준 농사를 내려놓자 당신도 그만 무너지고 말았다.

행동거지가 불편한데다 말까지 어눌한 아버지는 나와 어머니가 나누는 정겨운 이야기 사이에 정물처럼 앉아 있다. 이따금 아버지를 돌아보면 얘기를 알아듣는 듯 표정이 미미하게 변한다. 모녀간 대화를 무심하게 듣다가는 희미하게 따라 웃기도 하고, 가족의 애틋한 이야기라도 나올라치면 금세 울먹울먹한다. 나중에 들은 이야기지만, 아버지가 감성 여린 사춘기 소녀처럼 갑자기 흐느끼는 바람에 어머니가 아이 어르듯 달래기도 한단다.

잊지 않고 둘러보는 곳은 쇠죽을 끓이는 가마솥 앞이다. 아버지는 저녁 그늘이 마당을 덮을 무렵이면 늘 아궁이 앞에 앉아 있었다. 그 앞에 앉아보니 소를 먹이고 방을 데워 가족을 건사한 아버지의 마음을 쪼금은 읽겠다.

아궁이를 지나 멍석이 뚜르르 말려 걸려 있던 흙벽을 돌아가면 뒤란이 나온다. 뒷집 담장과 집 사이로 햇볕이 따사롭게 들어차는 텃밭이다. 이곳에 상추며 들깨, 토란, 고추 등을 심어 찬거리를 조달했다. 지붕을 타고 오른 수세미외도 열매가 주렁주렁 달리고, 앵두나무에 앵두가 붉게 익었다.

골목을 끼고 뒤란으로 돌아가는 길도 있다. 그쪽엔 담장따라 치런치런 골담초가 휘늘어졌다. 봄이 되면 골담초 노란 꽃이 조롱조롱 피었다. 담장 높이로 키가 자란 접시꽃도 붉고 하얀 꽃을 여름내 층층이 피웠다. 달콤한 골담초 꽃을 따먹으며 놀아가면 뒤란이 어린 나를 얼마나 포근하게 감싸주었던가. 그러고 보면 뒤란은 기억의 공간과도 같은 곳이다. 내세울 추억이 없는 삶은 얼마나 초라하며, 따뜻한 뒤란이 없는 집은 또 얼마나 삭막할까.

한데 막상 뒤란에 가 보니 이상하게 뒤란이 좁아 보이고 텃밭도 작아 보인다. 내가 너무 커버려서일까. 아니면 세상이 넓다는 것을 알아버려서일까. 게다가 앵두나무는 온데간데없이 사라져 버렸다. 서성거리며 어릴 적 추억을 더듬는다. 이불에 오줌을 지린 날 키를 쓰고 뒷집으로 소금을 얻으러 가던 일이며, 발갛고 통통한 앵두를 따 먹던 기억들….

뒤란에 와보니 알겠다. 집도 주인과 함께 늙는다는 것을. 흙벽이 여기저기 헐고 기와도 이음매가 헐거워졌다. 집을 지지해 주는 기둥도 세월에 삭아 온전치 못하다. 꼭 아버지처럼 노쇠해지고 풍파에 닳았다.

그래도 기쁨을 주는 곳은 남새밭이다. 담 안쪽으로 윤기 나는 넓은 잎을 양산처럼 둘러쓴 토란이 여전히 푸르게 자란다. 파릇한 상추는 언제 봐도 먹음직하다. 가장자리로는 들깨가 바람막이인 듯 울타리를 둘렀다. 그래서인지 텃밭이 한결 아늑하다. 잡초 몇 포기를 뽑아내고 들깻잎과 상추잎을 몇 모숨 뜯는다.

어머니는 먼 데서 온 딸이 배가 고플까 두리반에다 이른 저녁상을 차린다. 나도 산그늘이 밀려드는 수돗가에서 철철 흐르는 물에 상추와 깻잎을 씻어와 어머니를 거든다. 행동이 굼뜬 어머니를 보니 허리 꼿꼿하던 예전 모습은 간데없다.

턱받이를 한 아버지는 수저질을 처음 배우는 아이처럼 손놀림이 어설프다. 숟가락 밥이 반은 턱으로 흐른다. 그래도 모처럼 딸과 도란도란 식사하니 기분이 좋은가 보다. 상추쌈을 싸서 아버지 입에 담뿍 넣어 드린다. 천진한 얼굴로 입을 벌려 쌈을 받아 드시는 모습이 영락없이 어린아이 같다.

오늘 밤엔 아버지와 밤이 이슥하도록 이야기해야겠다. 말씀이 좀 어눌하면 어떠리. 더 늦기 전에 기억의 공간에서 상추처럼 푸르고 싱싱하게 자라는 추억을, 정말이지 잊으면 안 되는 추억을 들추고 싶다. 나는 또 쌈을 싸서 아버지 입에 넣어 드린다. 아버지는 내 마음의 뒤란이다.

구둣발 소리

홍매가 막 붉은 입술을 내밀었단다. 그 소식을 들은 지 엊그제다. 꼭꼭 여미었던 몸과 마음이 무시로 하품을 불러들인다. 어느덧 벚꽃도 만개했다는 소식이 월담한 듯 훌쩍 다가와 코끝을 간질인다.

모노레일이 하늘을 달리던 그 사월의 향기도 그랬다. 편의점엔 출근길 남자들이 아침 요깃거리를 사 들고 줄지어 있었다. 사뭇 생소한 광경이었다. 편의점 앞, 벚꽃 만발한 사거리 건널목엔 정장 차림들이 밀려들었다가 썰물처럼 빠지곤 했다.

아침 여덟 시, 도쿄 시내 지하철역은 꾸역꾸역 사람을 토해냈다. 공장이 쏟아낸 완제품 같은 무표정들이 물결처럼 스쳐 지나갔다. 그 속에서 나는 꽃과 황홀한 상봉 중이었다. 진군하듯 밀려드는 어마한 기세에 눌려 행렬이 진행하는 방향을 빗겨 옆길로 들어섰다. 내 귀와 눈을 점령한 구둣발이 일사불란하게 지나갔다.

무수한 발이 내는 소리가 거대한 물줄기처럼 흘렀다. 벚꽃 터널 안에서 각기 다른 중량이 내는 둔탁하고도 고른 리듬으로 흐르는 소리였다. 그 비장한 소리에 홀려 나는 오도 가도 못하고 몽롱하게 서 있었다. 한동안 내 눈은 보도블록을 걷는 그들 발에 닿아 있었다. 어느 순간 구두 소리는 빗소리로 스며들었다. 좍좍 내리는 장대비 같은 울림, 그 발소리의 울림은 가슴에서 쿵쿵대며 비장한 파장을 일으켰다. 흡사 달려오는 말발굽 소리랄까, 생을 향해 전진하는 구구절절한 언어로도 들렸다. 하늘하늘 핀 꽃이 보내는 향기로운 격려에 출근길 그들 어깨에도 벚꽃 향기가 묻어 갔다.

글로벌 기업 도시바 앞 출근 풍경이다. 작은 톱니바퀴가 빈틈없이 맞물려 돌아가는 기계적인 움직임이었다. 출근 의식이 경건하기까지 했다. 그들 눈에는 흐드러진 벚꽃이 보이기나 했을까. 꽃이 피건, 지건, 오로지 본연의 업무에 충실하려는 무정물 같은 표정과 나풀거리는 꽃은 이질적이었다. 그 거대한 에너지의 흐름 속에서 셔터를 눌러대던 카메라를 슬며시 내려놓았다. 출근하고 있을 자식 생각에서다. 그들 삶의 최전선을 보며, 치열한 생존 현장 일선에서의 삶이 얼마나 힘들까 싶어졌다.

하늘을 찌를 듯 치솟은 빌딩으로 출근 물결이 쓸려 들어갔다. 건물은 사람을 삼키는 거대한 무감정 물체였다. 건물 안으로 사라지는 사람 물결을 구경하느라 아침밥도 거르고 있었다. 벚꽃이 수놓은 하늘엔 모노레일이 이따금 은하철도처럼 지나갔다.

어느 여름 오륙도를 눈앞에 두고 섰다. 파도가 철썩대는 벼랑 끝에 서 있었다. 바로 앞 허공에 작은 새 한 마리가 떠 있는데 날갯짓이 보이지 않았다. 의아해 무슨 몸짓인가 하고 자세히 보니 보일 듯 말 듯 파르르 떠는 날개가 보였다. 그제야 새가 처한 상황을 헤아렸다. 그날 바람은 양산이 꺾이도록 세찼다. 어린 새는 바람에 맞서 앞으로 나아가려고 사투하는 중이었다. 몰아치는 맞바람을 뚫고 연약한 날갯짓으로 나아가기에는 역부족이었던 게다. 바람에 안간힘으로 버티다 힘이 빠져 잠깐 뒤로 밀리는가 싶으면, 어느새 균형을 잡고는 용케 그 자리를 지키는 것이었다. 잠시라도 긴장을 늦추면 단박에 휩쓸려갈 처지였다. 진퇴양난에 처한 새를 도울 수 없다는 게 안타까울 뿐.

잠시 후, 갈매기 한 무리가 작은 새를 제치고 우르르 앞으로 날아갔다. 작은 새의 행동이 궁금했다. 무리의 새가 어떤 도움이나 영향을 미칠지도. 그러나 큰 날개를 훨훨 저어 가는 새들은 작은 새를 거들떠보지도 않고 지나쳐 갔다.

새가 새를 어떻게 부축하겠는가마는 생존 현장에서의 냉정함과 무관심이 놀라웠다. 어미 품에서 독립한 새에게는 스스로 헤쳐 나가야 하는 생존 현장이었다. 바람을 거스를 만한 날개 힘을 키워야 살아남는 법. 그 모습은 영락없이 사회 초년생이 기성사회에 적응하느라 고군분투하는 모습이었다.

꽃 향기 그리던 머릿속으로 문득 도쿄의 구둣발 소리가 쿵쿵 다가온다. 그 소리와 오륙도 바위에 철썩이던 파도소리도 생생하다. 출근 인파의 구둣발 소리가 힘찬 동력이라면, 바다의 소리는 나아가지도 물러서지도 못하던 작은 새가 연상되는 소리다. 역운逆運에도 후퇴하지 않고 안간힘 쓰던 새가 끝내 날아가는 모습을 보지 못하고 돌아섰다.

만개한 꽃나무 앞에서 염원한다. 아이 앞날에 봄날 같은 삶이 펼쳐지기를. 그런 간절함을 품고 오래전 손에서 놓았던 묵주를 찾아든다. 봄볕 같은 안온함이 꽃향기처럼 감미롭다.

왕소금 아줌마

현관에 왕소금이 좍 깔렸다. 마주한 앞집 앞은 깨끗하다. 필시 누군가가 겨냥해서 뿌린 게다. 생각에 짚이는 데가 있다. 필시, 부라린 눈을 하고 다니는 위층 아줌마 소행일 것이다. 그 집 현관문에 혼백도 혼란스러울 부적을 덕지덕지 붙여놓은 걸 보더라도, 왕소금 뿌릴 사람은 그이밖에 없다. 뒤뚱뒤뚱 계단을 오르내리며 했을 소행머리에 부아가 치민다.

십여 해 전 공동주택으로 이사 왔다. 지하철도 가깝고 무엇보다 뒷산이 가까워 쾌재를 불렀다. 살아보니 생활소음도 별로 없다. 열어놓은 창으로 어쩌다 불경 소리도 들리는 것이, 주택가에 고즈넉한 절이라도 있나 보다 했다. 한데 가만 들어보니 불경이나 염불 소리가 아니다. 인근에 절도 없다. 열어놓은 창으로 들이치는 출처 모를 소리가 차츰 거슬리기 시작했다. 반복되는 요상한 문구에 신경이 쏠리니 억울하기까지 했다. 이런 환경에도 감내하고 사는 이웃들 아량이 지나친 것 같았다. 어느 날 이웃에게 슬쩍 물어보았다. 염불 비스름한 소리가 도대체 어디서 나는 소리냐고. 그제야 소리의 진원지를 알았다. 우리 집이 그 집 아래층이어서 유독 크게 들린다는 사실도.

여름 아침엔 창문부터 열어젖힌다. 기다렸다는 듯 소리는 여과 없이 거실과 안방으로 넘어왔다. 남의 집 울타리를 넘어선 소음에 내가 참고 살든가, 소리를 자제시키든가, 둘 중 한쪽을 택해야 했다. 고민하다 대자보를 떠올렸다. 상대방 신경을 건드리지 않으면서 나의 고충을 극대화했다. A4 종이에 요약문을 굵은 글씨로 써서 다세대주택 출입문에 붙였다. 그리고는 누가 볼세라 잘못이라도 저지른 양 숨차게 계단을 올라왔다.

하룻밤이 지나 살금살금 출입구로 내려가 보았다. 어라, 종이가 사라졌다. 민원이 접수되었다는 결과 아닌가. 소리를 줄였건, 소리를 일으키는 방을 바꾸었건 그날부터 요상한 소리는 들리지 않았다. 승사의 미소가 실실 새어 나왔다. 왕소금을 뿌린 건, 여태 소리에 대한 항의 하나 없던 공동주택에서 대자보를 붙인 데 대한 앙갚음이었을 것이다.

이웃 간 부딪침은 여기에서 끝나지 않았다. 어느 날은 위층에서 공사하는 소리가 천장을 흔들었다. 두통을 유발하는 그 소리는 맷돌을 돌리는 소리였다가, 맷돌을 밀고 다니는 소리였다가…. 묵직한 것이 드르륵대는 소리에 온 천장이 떨었다. 공사도 시간이 지나면 끝나려니 여겼다. 그러나 소리는 하마나 끝나기를 기다려도 무던히 지속했다. 일에 집중할 수 없었다. 목젖에서 넘어올락 말락 걸렸던 인내심이 무던히 참던 나를 벌떡 일으켜 세웠다. 당장 계단을 올라가 위층 현관 벨을 눌렀다. 내려와서 울리는 정도를 한번 들어보시라고. 퉁방울눈을 한 여자가 따라 내려와 우리 집 거실에서 그 소리를 들었다. 책이 재인 책상을 봐서 그랬는지는 몰라도 뜻밖에 여자가 고분고분해졌다. 다음 날 옥상에는 전에 없던 러닝머신이 하나 놓여 있고, 우리 집 문 앞에는 왕소금이 잔뜩 깔려 있었다. 순간 나도 소금 한 바가지 들고 가서 딥다 뿌리고 싶은 충동으로 전율했다.

그 후 층간에는 얼마간 정적이 흘렀다. 이제 평화가 찾아오나 싶을 때 거실 천장에서 물방울이 똑 떨어졌다. 조명등이 달린 자리에서다. 똑똑 떨어지던 물방울이 어느 날은 쪼르륵 흘렀다. 이때만 해도 걸레로 닦을 정도였다. 며칠 새 사태는 커져서 조명테두리 쪽에서 물이 주르륵 흘렀다. 상황의 심각성에 위층 아줌마를 불러 상태를 확인시켰다. 뭐 켕기는 게 있는지 다음 날 와서는 이제 괜찮으냐고 묻는다.

무얼 개선했는지 한동안 걱정하지 않아도 되었다.

그러나 누수는 고친 게 아니라 잠시 멎었던 거였다. 다시 천장에 물길을 튼 물은 대야를 받쳐야 하는 지경이 되었다. 결국 우리 집 거실 천장을 뜯었다. 수리비는 그쪽에서 물었다지만 공사 후 거실 청소하랴, 젖은 천장 말리랴, 한동안 컴컴한 채 지내야 하는 불편까지 겪었다. 다행히 물길은 잡혔다.

그즈음에 위층 집 아들 혼사가 있었다. 다세대주택 반장은 왜 하필 이럴 때 청첩장을 집집마다 돌리는지. 뜬금없이 위층 청첩장을 받아든 심정이 모호했다. 그래도 좋은 일이라 좋은 마음으로 성의를 표했다. 며칠이 지나 위층에서 색깔도 고운 잔치 떡 한 접시를 들고 왔다. 얼마 뒤 치른 내 딸 혼사 때에는 그쪽에서 축의금을 들고 왔다.

서로 간 생각지 않던 축의금이 오간 후 불도그 인상의 위층 여자도 오만상을 그리며 웃음기를 머금는다. 가끔, 잘못 보낸 걸까 싶은 카카오톡도 보내온다. 성의를 봐서 간단 답장을 한다. 그렇다고 대화가 이어진 적은 없다. 후로 우리는 썩 반가운 척 인사를 주고받는 사이가 되었다. 왕소금 사건을 생각하면 괘씸한 마음이 없지 않나. 하니, 아까운 소금만 버렸겠지 하고 눈 내리까니 속 편하다.

요즘 위층에서 아이 내달리는 소리가 천장 동서를 가로지른다. 그때 혼인한 자녀 가정에 아이가 생겼나 보았다.

어쩌랴. 나도 할미임에야. 사는 아파트 아래층에 수시로 과일을 사다 나르는 딸아이를 보더라도 이 정도는 눈감아야지 않겠는지.

그러고 보니 왕소금 아줌마를 못 본 지 꽤 되었다. 비록 낯붉히며 소통했지만 층간 이웃으로 화해한 사이 아닌가. 무슨 일이라도 있는 걸까. 설핏 궁금해진다.

간판

삼월이, 이모네, 옹심이, 마을…. 이름도 예쁜 가게 이름이다. 골목에 들어선 분식집과 반찬 가게, 카페다. 지하철까지 몇 분여 걸리는 마을 골목에, 적당한 거리를 두고 예쁜 간판들을 내걸었다. 이들 공통점은 일반주택 한 코너를 차지했나는 데 있다. 건물 모퉁이이거나 방 한 칸 노릇도 못하던 임시 건물 모난 자리다. 이들 가게에서 흘러나오는 따뜻한 불빛이 어둑한 골목에 온기를 피운다.

미용실과 정육점, 세탁소 같은 생활 필수 가게만 있던 조용한 골목이다. 상권이 조금씩 살아난 바딩에는 기정집을 개조한 카페 '마을'이 한몫했다. 그 집 앞 너저분하던 작은 공터에 벤치가 놓이고, 그 주택이 예쁜 카페로 변신했을 때 속으로 환호했다. 골목을 지날 때마다 카페 간판을 보며 푸근해지곤 한다. 이 카페를 아껴두고 아주 특별한 만남이 있을 때에만 이용하고 있다. 즐겨 찾는 곳은 아니어도 언제든 갈 수 있는 나만의 공간으로 아껴두는 것이다.

삼월이네는 그 후에 개업한, 늘 문이 닫혔던 빈 가게 자리다. 삼월이라는 수더분한 이름 덕분에 첫 만남부터 친근하게 다가왔다. 그 이름도 금방 기억에 저장되었다. 간판도 동그스름하니 삼월이 얼굴 같다. 가게가 문을 연 첫날 개업 손님으로 들어섰다. 김밥 마는 서툰 손을 흘깃대며 상 위에 놓인 개업 찰떡을 먹었다. 팥고물을 두텁게 입은 시루떡 한 접시를 주문한 김밥이 나오기도 전에 다 먹었다. 인심 좋은 주인이 떡 하나를 더 내왔다. 한 골목에 사는 주민으로서 분식집 개업을 주저리주저리 찬양한 대가다. 피곤한 걸음으로 귀가할 때 가볍게 요기할 분식점이 있으면 좋겠다는 생각을 하던 차다.

가게 이름이나 간판 글자꼴도 흥미를 끄는 한 요소로 작용한다. 한번 들어가 보고 싶게 하는 예쁜 간판이거나, 실내 분위기가 밝고 깔끔하면 반은 성공한 거다. 그곳에서 취급하는 내용은 접해봐야 알 일이긴 하다. 길을 지나다 세련되고 개성 있는 간판을 보면 오지랖 넓게 안을 기웃대곤 한다.

하물며 사람 간판인 얼굴이야 말할 것도 없다. 주인 표정에 따라 손님은 대접받는 기분이었다가 떫은 기분이 되기도 한다. 손님을 진심으로 반기는 환한 미소에다 파는 상품까지 만족스러우면 그 집은 단골이 될 확률이 높다.

주변에 떡집이 두 곳 있었다. 어찌 된 일인지 두 떡집은 한 골목에서 몇 집 건너로 자리했다. 어느 집이 먼저 열었을까. 나중 떡집이 한 골목에다 왜 똑같은 품목으로 문을 열었는지 모를 일이다. 하루는 주인 내외가 싹싹한 집이 아닌 다른 떡집에 가게 됐다. 불퉁한 주인에게 내 돈 내고 떡을 맡기면서도 기분이 떨떠름했다. 이대로라면 장차 장사에 지장이 있겠나는 생각이 불쑥 들었다. 사람들이 받는 느낌은 비슷한가 보았다. 얼마 후 골목을 지날 때 보니 그 떡집은 문이 굳게 잠겨 있었다. 다른 떡집은 지금까지도 성업 중이다. 그러면 그렇지 하고 썩소 머금었다.

이처럼 사람 간판은 그의 인상으로 작용한다. 나는 요즘 이 특별한 간판을 복구 중에 있다. 얼굴에 구름처럼 낀 검은 착색 때문이다. 뭉근한 인내와 오가는 시간과 돈이 든다. 치료를 받은 지 두 해가 넘었다.

어느 초겨울쯤 얼굴이 가렵기 시작했다. 피부가 건조한 탓이려니 여겨 심각성을 인지하지 못했다. 보습한다며 마사지에 정성을 쏟았지만 할 때뿐이고 곧 가려워졌다. 피부과 기구로 들여다보니 검은 색소가 개구리 알처럼 모공 주변에 널려 있었다. 그것들이 세를 키워 온 얼굴에 얼룩을 그려놓았다. 마치 솜이불에 아이가 그려놓은 오줌 얼룩처럼. 아는 이들이 내 얼굴을 보고는 뭔가 이상하다는 눈빛으로 또 보고 할 때마다 한숨만 쉬었다.

이런 끔찍한 결과를 가져올 줄 몰랐던 무지가 부른 참사였다. 그 대가를 혹독히 치르는 중이다. 어머니에게 물려받은 피부를 망가뜨리고 땅 치며 후회한다. 되돌릴 수 없는 사태다.

끝이 보이지 않는 치료를 하며 과유불급過猶不及을 뇐다. 맑은 얼굴이 탱글탱글하기까지 하면 좋겠다는 욕심이 부른 화였다. 공짜로 피부과 티켓이 생겼다. 주름 펴진 환한 얼굴을 상상하며 쪼르르 달려갔다. 시술받고 두어 달이 지나자 피부 깊숙이에서 뭔가 움직이는 감이 왔다. 팽팽하게 당기는 감이 오더니 슬슬 가렵기 시작했다. 피부 밑층에 염증이 생긴 줄도 모르고 보습한다며 마사지를 받으러 다녔다. 상한 피부에 가한 폭행인지도 모르고.

맞은 듯 시퍼렇던 얼굴이 차츰 새까매졌다. 얼굴 가장자리로 집중한 색소는 화장을 두 겹 세 겹 덧발라도 감추어지지 않았다. 마치 습자지에 배어 나오는 물기처럼 색소가 배어 나왔다. 피부과 전문의는 상처의 흉이라고 한마디로 진단했다. 치료비로 공짜티켓 값의 몇 배는 더 들어갔다. 의사가 처음 진단한 30회 치료를 채우고도 만족스럽지가 않다. 원상태 회복은 요원하기만 하다. 식겁한 피부를 상전 모시듯 떠받들고 사는 요즘이다. 삼월이 분식집의 훤한 간판을 볼 때마다 상하기 전 내 얼굴을 떠올린다.

요즘 예쁜 간판 구경하는 재미가 쏠쏠하다. 간판뿐 아니라 손님이 있는지 없는지 가게 안 사정도 들여다본다. 이왕이면 장사가 잘 돼서 또 다른 간판으로 교체되는 일이 없었으면 하는 마음이다. 간판 이미지 덕분에 골목은 한결 훈기가 돌고 밝아졌다. 이런 간판처럼 대인관계에서 일선 창구나 다름없는 얼굴을 상했으니 속상함이 이만저만한 게 아니다. 레이저에 식겁한 얼굴에 미안하다. 이제 물리적인 치료는 중단하고 피부 자체 회복을 기다리기로 했다. 상하기 전 얼굴로 시나브로 돌아와 준다면 그저 고맙겠다.

밑 화장만 하던 얼굴에 선크림, 비비크림, 스킨커버, 파우더를 두드려댄다. 대충 화장하고 다니던 때가 옛일처럼 그립다. 그나마 요즘은 얼굴이 좀 탔다고 하는 정도이니 다행이지 뭔가. 병적으로 보이지는 않으니 말이다. 덜컥 저지르는 이놈의 성격도 그렇다. 한 번쯤 생각해보고 행했더라면 좋았을 것을. 일 벌어진 후에 후회해야 말짱 헛일이다.

늦은 귀갓길에 옹심이네에 들렀다. 또래의 주인 여자가 나를 보고 꽃처럼 웃는다. 표정이 옹심이 반죽처럼 차지다. 그의 간판이 환하다. 이마서 부럽다.

미운 새끼 경사났네

꿈같은 일이다. 쉰을 훌쩍 넘긴 남동생이 드디어 장가갔다. 하객들도 만면에 웃음 머금고 이런 일도 있다는 듯 신통하다는 표정이다. 만혼인 신랑과 신부가 손잡고 입장하자 결혼이 실감 난다.

혼례식이 끝나고 전세 버스는 귀성길에 올랐다. 산촌 작은 마을에서 하객을 싣고 서울 갔던 버스다. 노총각 결혼식을 치르고 금의환향하는 길이다. 칠순 넘은 마을 이장, 팔순을 훌쩍 넘긴 노인회 회장, 평생 앞뒷집으로 살아온 이웃과 사촌, 사돈…, 이런저런 관계로 맺어진 사람들 각각이 정답다.

상경하는 길부터 얼근히 달아오른 어른들이 내려가는 길에는 일찌감치 술을 푼다. 혼주 가족인 나는 수육이며 먹을

거리를 담아내랴 손이 바쁘다. 아들 장가보낸 어머니가 풀 흥을 하객이 푼다. 멀쩡한 마을 총각이 하릴없이 늙어가니 동네 사람이 다 걱정했다며 자기네 일처럼 흥이 났다. 마을 이장은 전날 노총각 결혼을 마을방송으로 알렸다. 새벽부터 천릿길 따라나선 성의가 여간 고맙지 않다.

허우대 멀쩡한 남동생이 미혼인 채로 그러구러 쉰을 넘어섰다. 짝도 없이 꺼칠하게 늙어가니 바라보는 가족이 애가 탔다. 달이 만월로 채워지지 않고 이지러지듯 집안이 어딘가 미신했다. 쉰 중반에야 참한 아가씨를 만나 직장이 있는 서울에서 혼인예식을 올렸다. 일생을 한 골짝에서 살아온 이웃집 노총각이 결혼했으니 마을의 경사이기도 했다.

요즘 티브이 프로 '미운우리새끼'가 인기다. 마흔 넘긴 미혼이 흔한 세태라 이런 프로그램도 생기는 모양이다. 이들이 노총각임을 실감케 하는 건 개월 수로 나타내는 이들의 나이이다. 쉰 살을 향해 앞서기니 뒤서거니 달려가는 총각들이 살아가는 방식이 흥미롭다. 나이든 미혼들이 그 방송을 보며 자신 삶을 돌아보고, 배우며 반성하며 공감대를 나눌 것 같다. 그 어머니들의 자식 걱정도 자식이 연예인이건 일반인이건 다르지 않아 친숙하다.

어머니 아킬레스건이었던 남동생은 어머니 생전 최대 수심 거리였다. 그 프로에서처럼 말하면 생후 650개월이 되도록 혼자 살고 있었으니 그렇다. 어느 날, 어머니와 '미운우리새끼'를 시청했다. 저런 사람은 왜 결혼도 안 하고 저러고 있냐고 하신다. 어쩌다 어영부영 마흔 고개를 넘고, 어른이면서 어른이 아닌 상태로 꾸역꾸역 쉰 살을 먹고, 예순 고개로 꺾이는 고개에서 장가간 아들은 생각지 않은 모양으로.

일명 '미우새'로 불리는 이 프로에 솔로 남들의 롤 모델이라는 옛 방송인이 나왔다. 그가 후배 솔로들에게 한 말에 구구절절 고개 끄덕였다. 아무리 근사한 집에 살아도 사랑하는 사람이 함께할 때 비로소 집이 완성되는 거라고. 전 재산과 맞바꿔서라도 시간을 되돌리고 싶은 이유는, 그 시간으로 돌아가면 결혼하고 싶어서라고. 그리고 자신을 편안하게 맞아줄 사람이 있는 훈기 있는 집에서 살고 싶다고. 그가 한 말은 꼭 노총각에게만 하는 말은 아니었다. 잘 벌어 잘 쓰고 할 때는 젊음이 있었겠지만, 그 젊음은 이내 흘러가 버리더라. 함께할 가족 없이 나 혼자 누리는 호사한 생활은 큰 의미가 없다는 말로 들렸다.

연애, 결혼, 출산을 포기한다는 삼포족도 있고 결혼하지 않겠다는 비혼족도 있다. 오죽하면 새 가족 만들기를 포기한다는 이런 말이 생겼을까. 주변에는 결혼할 아들딸이 수두룩하다. 미혼인 자녀를 둔 부모는, 자녀가 다 가정을 이룬 집을 가장 부러워한다. 해가 갈수록 나이만 먹는 게 아니다. 걸림돌도 늘어나는 결혼을 향한 길은 멀기만 하다.

몇 시간을 달린 버스는 어둑해진 무렵에 고향 읍내에 도착했다. 먼 길 동참한 이들에게 뜨끈한 국밥까지 대접하고서 일정이 끝난다.

남동생 만혼은 주변에 한여름 신록 같은 기운을 퍼뜨렸다. 희망이 절망보다 우위에 있다는 진리도 함께 전했다. 나이 찬 미혼들이 서둘러 결혼을 포기하지 않았으면 한다. 잣대를 버리면 결혼관에 맞는 인연이 뜻밖에 주변에 있을 수도 있다. 어차피 혼자 살기도 버거울 바에야 둘이 맞들고 의지하는 편이 낫지 않겠나.

미운 새끼 장가보낸 84세 노모는 세상 걱정 덜었을까. 큰 근심 덩어리 덜어냈는데 이제 그 몸이 천근만근 무겁다 하신다.

4부

동백꽃 지고

동백꽃이 송송 피어났다. 이른 봄, 새싹이 돋지 않은 노란 잔디밭에 생을 버티지 못한 꽃이 워낙 선연하다. 나무에서 한 생을 꽃피우고, 땅에 떨어져 또 한 번 피었다. 진 꽃이 만든 꽃밭이 처연하다. 지워지지 않는 상흔처럼, 그 바닷가에 빠트린 생명 같은 동백꽃이.

이십 대 초반인 새댁은 첫아이 돌도 되기 전에 시가에 얹혀사는 처지가 되었다. 위리안치까지는 아니었어도 어촌생활은 유배생활이나 다름없이 곤궁했다. 딱히 수입원이 없는 시부모, 아픈 시숙, 얹혀 산 우리 가족, 거기다 형제들이 맡겨놓은 조카가 셋이었다. 밥 하고 설거지하고 돌아서면 밥때가 닥쳤다. 어디 밥만 했겠는지.

이런 막막한 와중에 둘째 아이를 가졌다. 태기를 안 지

두 달쯤 되었을까. 어느 날 약한 산통 같은 것이 아랫배를 훑고 지났다. 기분이 싸했다. 아릿한 진통은 멎지 않았다. 사태가 심상치 않음을 알고 어선을 대절했다. 읍내 병원까지 구불구불한 신작로로 가느니 바다를 가로지르는 편이 병원에 빨리 도착할 거란 결론에서였다. 배는 아랫배를 움켜쥔 새파란 산모를 싣고 바다를 내달렸다. 얼마간 숨차게 달린 배는 처음 가 본 부두에 뱃머리를 댔다. 배에서 내리기 바쁘게 아랫배가 터질 듯 소변이 마려웠다. 해안가로 내달렸다. 다급해 몸을 다 숨기지도 못하고 쪼그리고 앉았다. 드러난 속살을 스친 바람은 얼음골을 지나온 듯 차가웠다.

앉은 머리도 가릴 수 없을 그물 더미 뒤였다. 해안엔 다행히 인적이 없었다. 그러나 툭 트인 해안이라 좌불안석이 되었다. 거기다 뒤처리를 어찌하라고, 뭉글뭉글한 것이 빠져나오며 아랫배가 시원해졌다. 병원에 도착하기도 전에 일이 터지고 만 것이다. 막 잉태되어 형태주차 갖추지 못했을 여린 생명은 어미 몸에서 끝내 명줄을 붙들지 못했다. 영양 결핍과 정서마저 불안정한 어미의 몸이 척박한 탓이었다.

차마 아래를 내려다볼 수 없었다. 어린 새댁에게 불길한 예감이 언뜻 스친 때문이었다. 한 광경을 눈에 담으면 평생 내 그림자처럼 어른거릴지도 모를 거란 짐작이었다. 막연히 염려한 그때 예감은 빗나가지 않았다. 그 해안 풍경과 그물 더미 뒤로 다급하게 앉았던 내 모습이, 사생화 밑그림처럼 또렷하게 떠오르는 걸 보면 그렇다.

그물 주인이 흥건한 꽃물에 소스라쳐 놀라겠지. 서둘러 옷을 추스르며 일어섰다. 주변이 신경 쓰여 뒤쪽으로 막 고개를 돌렸을 때다. 내 시선이 닿은 그곳에 '난 다 보고 있었다.'라는 듯, 막 흘린 생명 같은 동백꽃 몇 송이가 그리도 붉게 피어 있는 게 아닌지. 그 나무가 애기동백인지 겹동백인지는 모르겠다. 다만 서둘러 돌아설 때 눈에 담은 동백꽃은, 여태 색 바래지 않은 그대로 붉다. 그런 사연 때문일까. 망울을 편 동백꽃을 보면 잠시 숨이 멎는다. 사춘기 적 마음에 둔 남학생과 달빛 훤한 고샅에서 단둘이 마주쳤던 때처럼.

그 한두 해 후 아들을 낳았다. 자식이 대학 졸업하면 할 일 끝나는 줄 알았고, 취업하고 결혼하면 부모역할 다 한 줄 알았다. 그러나 부모에게 자식은 평생 마음 끓이는 대상이란 걸 살아갈수록 알게 된다. 제 갈 길 찾아 고전하는 아들 일로 애 끓이던 때 불쑥 해안가에 흘린 아이가 생각났다. 그 생명과 생의 연이 엮였더라면…. 찰나에 비집고 든 생각이 섬뜩해 고개를 내저었다. 진 생명도 그 갈 길이며, 온 생명도 더 귀한 연으로 온 것일진대.

대마도에서 동백꽃 무더기를 보고 있다. 고종황제의 막내딸이며 조선 최후의 황족, 덕수궁의 꽃이라는 여러 수식어가 붙은 덕혜옹주. 그 공주의 결혼봉축기념비 안내판을 따라 이곳을 찾아왔다. 이국에 와서 조국 옹주의 흔적을 지나칠 수 없는 일, 애잔한 마음을 앞세우고 한적한 지역에 있는 가네이시 성터를 찾아왔다. 안내판을 따라 들어서자 동백나무 울타리가 둘러쳤다. 울타리를 따라 동백꽃이 새빨갛게 깔렸다. 마치 뿌려놓은 듯. 잔디를 물들인 진분홍 동백 무더기에 눈도 마음도 시리다.

시련의 강점 역사는 막을 내린 지 오래이다. 그러나 비운으로 점철된 덕혜옹주 삶은 어찌할 텐가. 유학 명분으로 일본에 가 일본인과 강제 혼인한 옹주는 참으로 외롭고 막막했을 것이다. 소용돌이 역사의 정점에서 정신이 온전하면 오히려 이상할 지경이다. 거기다 딸마저 일찍 먼 세상으로 보냈으니 그 기구함이 원통하다. 발치에 수북이 쌓인 꽃이 옹주의 애통함을 애도하는 듯하다.

동백꽃 흥건한 이국에서 먼 시간을 거슬러 오른다. 속살을 스치던 겨울 바닷바람이, 갯내 풀풀 나던 그물망이, 그곳을 가림막 삼아 주저앉은 새댁이 어른거려 발길 서성인다. 그때나 지금이나 동백꽃은 무던히 붉다.

꽃피는 춘삼월에 후드득 떨어져 너 애타는 꽃. 요즘 성급한 동백은 꽃 필 시기도 모르고 속절없이 피기도 하더라만. 꽃 피우는 일이란 자연의 흐름을 따르는 법 아니던가. 겨울에 꽃핀다 하여 붙은 동백冬柏이란 이름처럼 추위를 뚫고 꽃 피우는 동백이 장하다. 크게 될 사람은 늦게 이루어진다는데 동백꽃도 꽃 중에 대기만성 꽃이다. 꽃을 보며 앞날의 희망을 본다.

문득 그 부둣가가 궁금하다. 동백꽃도 피었을지.

땅거미 질 무렵

창밖 어둠 농도를 살핀다. 사물에 명암이 가시고, 골목은 한낮의 열기를 삭이며 어스레해질 무렵이다. 생물은 속속 보금자리로 찾아들고, 하루해 꼬리가 제아무리 길어도 이 시간은 마침내 찾아온다. 하루의 들뜸이 고즈넉이 가라앉는 즈음을 기다려 골목 산책길에 든다.

내 생의 시기도 이때쯤일까. 이런 생각이 언뜻 든다. 땅거미 내리기엔 좀 이르고 살짝 어둠이 드리우기 시작하는 때. 해진 뒤 마지막 잔불 같은 석양 무렵은 좀 남은 그런 시기. 가을 끝자락쯤? 낮의 소음과 사는 소리도 잦아들고, 심신이 아늑하게 긴장을 내려놓는 땅거미 질 무렵….

하늘엔 청색 빛이 미적대고 그림자는 길게 눕는다. 일광은 노란빛을 발산하고, 분위기 물씬한 사진을 만들 수 있는 아주 짧은 시간대가 잠깐 닥친다. 매직아워magic hour다. 이 뒤를 막 따르는 박모는 더 잠깐이다. 오감의 촉수에 집중하지 않으면 초침처럼 지나가 버린다. 약간 이르면 밝은 기운이 남아 있고, 때를 놓치면 순식간에 어둠이 잠식해 버리기 때문이다. 미루적대다 때를 놓치고서 어둑해진 창밖을 보며 무연憮然해지기도 여러 번이다. 내일은 결코 놓치지 않으리라 맘먹지만, 알고도 저지르는 실수처럼 또 때를 놓치곤 한다.

이런 시간을 기다려 산책길에 든다. 기온이 널뛰듯 하는 요즘 여름은 몹시 조심스럽다. 휘청거리는 몸으로 외나무다리를 건너는 심정이다. 건강을 다칠까 조마조마하다. 유월부터 폭양을 휘두르는 날씨에 겁먹는 건 그리 오래된 일은 아니다. 그나마 사계가 아직 살아 있으니 계절 구분이 된다. 맹렬하게 쏟아붓던 열기도 절기 앞에서는 한풀 꺾이니 얼마나 다행인가. 언제 다가왔는지 소슬한 기운이 주변을 서성대면, 여름철 칩거했던 답답함도 풀 겸 마을 산책에 든다. 공원이나 산책로가 딱히 없는 주택가에서 찾은 즐거움이다.

일상에서 건지는 소소하지만 확실한 행복, 소확행. 일과가 모두 끝나고 비로소 나만의 시간을 가지며 산책하는 시간이야말로 내가 누리는 소소하지만 확실한 행복이다. 편안한 차림새로 집을 나선다. 골목마다 높고 낮은, 돌담이거나 시멘트 담 같은 각기 다른 담장과 정원 구경이 즐겁다. 고향 돌담길을 지나듯 푸근하다. 굳이 화장하지 않아도 되는 어둠이 있고, 다듬지 않은 머리를 눈여겨볼 이도 없다. 볕에 눈이 부시지 않아도 되고, 해도 저물어 양산을 쓰지 않아도 되니 걸음도 가뿐하다. 정원이 예쁜 집이 많다. 처음 만나는 저택의 담장은 산책 시작 지점이고 끝나는 지점이다. 동네 사람들은 꽃과 신록, 향기로 계절을 알리는 그 집 정원수 감상하는 기쁨을 오가며 누린다.

서니 평쯤 될까 한 마을 카페는 고즈넉이 불 밝히고 골목에 온기를 전한다. 매번 지갑을 챙기지 않아 카페에 들른 적은 없다. 내 또래의 주인 여자가 손님 없는 가게를 지킬 때가 많다. 나도 이런 가게 하나 열어두고, 책 읽으며 한가롭게 손님맞이 하면 어떨까. 이런 배부른 생각을 하며 안을 엿보곤 한다.

이제 길은 급속히 어둠 속으로 스며든다. 벚나무가 하얀 담 벽에 가로등 불빛을 붓 삼아 일필휘지 수묵화를 그리는 때다. 어둠이 짙어가며 건물 층층이 새어 나오는 불빛도 또렷해진다. 불쑥, 서글프다거나 쓸쓸하거나 막막하다거나 하는 감정이 솟구치기도 한다. 부러 애쓰지 않아도 아늑한 저녁 분위기는 감정 선을 톡 건드린다. 어둠처럼 내리깔리는 착잡함에 울컥 눈시울이 젖는다. 부석부석해진 감성이 촉촉해지고 하루를 위로받는 이때가 좋은 이유다. 한 세대를 마지막으로 보내는 아홉수 증세일까. 유독 가을이 센티해지는 연유가. 딱히 잡히는 것 없는 감정들이 기복 심한 사람처럼 흔들리기도 한다. 뒤늦게 오는 갱년기래도 상관없다. 한적한 골목길 저녁 정경에 젖으며 흡족하다.

어느 늦은 오후 해운대 달맞이 언덕에서의 기억 한 자락이다. 해가 막 서산에 걸리고 하늘엔 푸른 기운이 신비한 분위기를 자아냈다. 어느 카페 발코니에서 무심코 바다를 바라보던 중이었다. 수평선과 해안이 펼친 해거름 녘 풍경에 잠시 말을 잊었다. 도시를 두른 해안도, 바다와 접한 산자락도, 먼 수평선도 또렷한 윤곽을 그리며 각 영역을 선명히 드러내고 있었다. 하루가 이울며 그려내는 따뜻한 파스텔화 같은 한 폭 수채화였다. 일렁이는 바다가 아니라 액자 속에 걸린 풍경처럼 고즈넉했다. 오래전 일임에도 선연하게 기억되는 순간이다.

어떤 일에 크게 흥분하거나 방방 뛰지 않고 덤덤해지는 증상은, 생에 땅거미가 내렸다는 뜻인가. 그걸 수긍하고 싶지는 않다. 아직은 땅거미 내릴 시기는 아니라고 변명한다. 나라는 사람을 떠올리면 어떤 윤곽이 잡힐지. 그러자면 이순은 넘어서야 하지 싶다. 지금은 그 전 단계로 걸어온 자취가 희미하게나마 테두리가 잡혀가는 그런 시기가 아닐까.

여명이나 황혼 시간대에 닥치는 아주 짧은 순간인 매직

아워처럼 기억되면 좋겠다. 그러나 아직은 황혼보다는 여명 쪽에 서고 싶다. 여명은 일어나는 기운이고 황혼은 이우는 때가 아닌가. 하여 지금이 황혼이라고 쉬 받아들이지 못하겠다. 다만, 그곳을 향해 이울고 있는 과정인 것만은 부인할 수 없다. 홀로 자분자분 걸으며 하게 된 생각이다.

삶이 팍팍한 데서 비롯된 작은 행복 찾기, 이런 행복은 우리 곁에 머무는 일상에 있다. 소소한 기쁨이 행복의 원천이 됨은 두말할 것도 없다. 뜨거운 하루가 서늘해질 저녁무렵, 세상 느긋하게 골목을 걷는 시간이 요즘 나의 작은 행복이다. 하루를 산 노고를 보듬는 시간이다.

광염狂炎

불이야~, 담장을 넘는 소리가 날카롭다. 사태의 위급함이 묻어났다. 얼굴이 노래진 어른들을 따라 마당으로 내달렸다. 뒷집 초가지붕에 불길이 벌겋게 치솟았다. 지붕 이엉에 거대한 불덩이가 그 혀를 날름거렸다. 미친 듯 날뛰는 불을 아연실색하여 바라보는 사람들 얼굴도 열기로 달아올랐다. 집채를 에워싼 어마한 불덩어리 앞에서 속수무책으로 심장만 벌렁거렸다. 불은 초가 한 채를 머금고 아귀처럼 삼켜갔다.

마을 사람이 다 나와 우물에서 양동이로 물을 길어 날랐다. 그 물은 참새가 갈기는 오줌 한 줄기만큼 약했다. 불길을 잡기에는 턱없이 부족했다. 기세를 잡은 악마의 입은 마을이라도 삼킬 듯 바람 따라 불길을 이리저리 휘갈겼다. 바로 앞집인 우리 집 기와지붕에까지 열기가 뻗쳤다. 불이 옮겨 붙을까 다급해진 아버지는 쇠죽 가마솥 위 흙벽에 걸려 있던 덕석을 가져와 지붕에 덮고 그 덕석에다 물을 끼얹었다.

초가 한 채가 보는 앞에서 사라졌다. 마을 사람들은 우왕좌왕 할 뿐 손쓸 상황이 못 되었다. 초가가 앉았던 자리에는 푸석한 잿더미만 수북이 쌓였다. 새까맣게 탄 기둥 몇 개와 집 골격만 남아 집의 흔적을 알렸다. 뒷집이 있던 자리는 뻥 뚫리고, 그 뒷집이 훤히 보였다.

그날 밤 뒷집 식구들은 어디에서 잠을 잤을까. 먼저 일어난 사람이 대보름 더위를 팔아먹던, 뒷집 소꿉친구 영옥이 오빠가 술김에 불을 질렀단다. 내가 이불에 오줌을 지리면, 어머니는 내 키만 한 키를 씌워 뒷집으로 소금을 얻으러 보냈다. 종종 키를 둘러쓰고 소금 얻으러 가던 뒷집, 사촌 오빠보다 친근했던 뒷집 오빠가 그랬단다. 그토록 붉은 불을 여태 본 적 없다. 그때 불의 기억은 여태껏 모든 불을 대표하는 불로 기억된다.

해운대 백사장에서 열리는 정월대보름 달집 태우는 현장에 갔다. 몇 층 높이로 쌓아 올린 나무더미 아래쪽에 기름을 붓고 불을 붙였다. 시커먼 연기가 퐁퐁 솟던 나무더미에 불길이 제대로 붙자 그 위용이 펄펄했다. 둘러선 사람들은 그 불덩이에 한 해 무사 무탈하기를 기원하며 손을 모았다.

어떤 이는 액운 소멸을 기원하며 속옷과 소망종이를 불덩이에 던졌다. 이런 인위의 불 앞에서도 잘 마른 집채가 타던 불의 영상은 겹쳐졌다. 그 붉음의 농도는 달집 태우는 불이 따르지 못했다.

뒷집 영옥이 오빠가 술에 먹혀 지른 미친 불놀이였다. 어떤 분노와 증오와 몹쓸 생각이 그 무서운 일을 벌이게 충동질했을까. 친구 오빠의 뒤틀린 생은 광기를 삭이지 못하고 끝내 농약으로 마감했다. 결혼도 못 해본 총각인 채. 그런 그를 떠올리면 김동인의 「광염소나타」 속, 방화하는 짜릿함 속에서 작품의 영감을 얻는 백성수가 떠오른다. 먹물 근처에도 간 적 없는 뒷집 오빠는 가족이 거처하는 집에 불을 지르고 어떤 카타르시스에 도달했을까. 그 궁극은 자신의 소멸로 이어간 꼴이 됐다. 농사에 꼭 있어야 하는 농약을 뒷집 오빠도 마시고, 동네 아재도 마셨다.

고향 집에 갈 때면 집 벽을 돌아 뒤꼍으로 간다. 서녘으로 이우는 불콰한 해가 쉬어가는 작은 텃밭이 그곳에 있다. 앵두가 발갛게 열리고, 돌담을 따라 골담초 꽃이 노랗게 열리던 데다. 뒷집 낮은 담벼락과 우리 집 뒷벽 사이, 세상을 비껴난 아늑한 이 공간에서 옛 시간 속으로 돌아가곤 한다. 뒷동산처럼 높이 치솟던 불덩어리도 예외 없이 떠오른다. 지금 뒷집에는 남자들이 서둘러 먼 세상으로 떠나고, 내 친구의 올케 혼자 농사지으며 산다. 박 바가지에 소금 담아주던 볼 붉던 새댁이 늙수그레한 얼굴로 앞 집 아이를 반겨준다. 주고받는 두 사람 눈빛 저 깊숙이 아득한 시간들이 지나간다.

그때 화염을 방불케 하는 여름 속에 있다. 바야흐로 광염의 터널을 지나는 중이다. 귀 따갑게 울어대는 매미소리가 담장 너머에서 들리던 다급한 외침 같다. 창밖 더위가 불처럼 무섭다.

블레드에서 감성을 회복하고

중세의 거리에서 답답함을 느낀다. 기본 역사가 500년씩은 족히 되는 동유럽 도시를 바람처럼 스쳐 지난다는 아쉬움이 인다. 여행하는 데 무거운 목적이 있을까마는 쉬 올 수 없는 공간의 짧은 스침이 안타깝다.

사라진 옛 고향 터에 선 심정으로 도시와 교감하고 싶었다. 한데 유럽풍 도시 자체에만 열광한다. 보헤미아 왕국의 천 년 역사를 상징하는 프라하성이나 유럽 중세건축의 걸작이라는 카를교에서도, 중세와 르네상스 시대가 보존된 세계문화유산의 도시 체스키크룸로프나, 800년 역사를 지닌 오스트리아 빈의 성 슈테판 사원에서도 카메라 셔터만 눌러댄다.

한편 안락하기도 하다. 위압감을 주는 각진 빌딩에 질린 눈이, 빨간 기와지붕 모양의 안정된 건물에 순해진다. 돌 보도블록에도 역사가 묻었다. 중세의 도시를 상상하며 바닥을 보며 걷는다. 원색 간판과 조명을 지운 중세 거리는 상상 속에서 고색이 완연하다. 묵은 건물과 거리에 교감하려 걸음도 늦춘다. 단순하면서도 똑같은 모양이 없고, 규격을 벗어난 크고 작은 다양한 문에 마음을 온전히 홀린다. 문을 드나들었을 옛사람에게 말도 걸어본다. 그들의 자취를 더듬으며 한 이틀 더 머물고 싶단 생각만 간절하다.

블레드는 눈 덮인 알프스와 넓은 호수를 끼고 있다. 슬로베니아의 고요하고 평화로운 호수 마을이다. 오스트리아, 헝가리 귀족들이 이곳에 별장을 짓고 머물렀다는 오랜 전통의 휴양 도시다. 율리안 알프스의 빙하가 만든 블레드 호수에 떠 있는 블레드 섬은 그곳 풍경에 방점을 찍는다. 이 조그만 섬에 성모승천 성당이 있다. 당시에 신을 얼마나 정갈히게 모시러고 호수 가운데에 성당을 지었을까. 성당은 9~10세기에 슬라브 신화 속 지바 여신의 신전을 모셨던 자리에 지었다고 한다. 세파를 벗어나 처연하고 고고하게 천년을 버텨왔을 성당이다. 배경지식이 전혀 없는 하얀 눈으로 성당과 블레드 성을 보기를 잘했다. 기대하지 않은 감동으로 빼근해지고 퍼석한 감성도 촉촉해진다.

알프스의 숨은 보석이라는 블레드의 존재를 여행하며 알았다. 달력에 나올 직한 사계 풍경도 풍경이지만 이곳에 깃든 역사마저 찬연하다. 성전 입구 양쪽 벽에 붙은 부식된 대리석 성수 통이며, 실금이 가고 닳은 티가 역력한 제대 주변 바로크 양식의 집기들…. 그 앞에 서니 지상에서 고작 100년도 채우지 못할 인간으로 덧없어지는 느낌이다. 마음으로 어루만지며 그들의 영원한 시간 속에 담기기를 바란다.

세 번 울리면 소원이 이루어진다는 기원의 종 줄을 잡는다. 천장에서 늘어뜨린 줄을 잡아당기자 저 천상에서부터 울리는 듯 뎅그렁뎅그렁 종이 울린다. 한 번, 두 번, 세 번…. 이런 데서는 굳이 자신의 종교와 연관 지을 필요가 없을 것 같다. 종 앞으로 사람들이 금방 길게 줄 선다. 소원이 많은가 보다. 성령의 축복이 성전 안에 들이치는 햇살처럼 자욱이 번지는 느낌이다.

대부분 여행자는, 특히 여자는 기념품을 사고 싶어 한다. 여행지를 기념할 만한 물건을 사지 않으면 뭔가 허전하다. 나는 부담이 없는 기념품을 사는 편이다. 성당 옆 작은 기념품 가게에서 1단짜리 빨간색 묵주와 블레드 성이 그려진 자석기념품을 샀다. 여행지의 커피도 마셔봐야 하는 법, 아메리카노 커피 한 잔을 샀다. 소박하고 낡은 성당 마당에서 3월 초순의 따사로운 볕을 쬐며 홀짝홀짝 마신다. 아직 새싹이 돋지 않은 키 큰 나무엔 새집처럼 뭉텅뭉텅 겨우살이가 달렸다. 그들도 봄볕을 마신다. 우리나라에서는 귀한 겨우살이가 이곳에서는 흔하다.

여행 막바지 블레드에서 무뎌진 감정이 회복될 기미가 보였다. 햇살이 쉬는 성당 첨탑과 첨탑이 드리운 그늘 잔디밭을 무심히 바라볼 때다. 미처 못 봤던 작은 조각 하나가 눈에 띈다. 튕기듯 일어나 가까이 가보니 부식되고 칠이 벗겨진 여자 석상이다. 곱실거리는 긴 머리에 치렁한 치마가 발목을 덮었다. 왼손에 향유 병을 든, 여인이라기보다 소녀상에 가깝다. 얼굴을 덮은 푸르뎅뎅한 이끼와 회색 더께가 앉은 몸, 바스러질 듯 삭은 치맛단…. 이보다 적나라하게 그녀가 겪었을 풍상을 드러낼 수는 없을 것 같다. 그동안 동화되지 않아 답답하던 심경이 마침내 울렁울렁 흔들린다. 성모인 듯 두 팔로 안고 석상을 한 바퀴 돈다. 부식한 돌 치맛단을 잡고 그녀를 올려다보니, 비바람에 만신창이가 되어서도 살포시 미소 짓고 있다. 성당 첨탑 그늘에서 이보다 행복할 수 없나는 표정이다.

The Baroque statue of M. Magdalene.

석상 아래 적힌 글이다. 이 여인을 누구도 눈여겨보지 않고 셔터만 눌러댄다. 예수의 죽음과 부활을 지켜본 증인 막달라 마리아다. 주민 거의 가톨릭교도라는 이곳에서 미사에 참례하면 사윈 신심의 불씨가 살아날는지. 건강에 무리가 와 쉬기 시작한 신앙생활이 여남은 해 되었다. 뭐래도 마음은 떠난 적 없음을 막달라에게 고백한다. 호수로 향하는 99계단을 내려오며 막달라 성녀의 배웅을 오래오래 받는다.

전통나룻배 플레트나가 섬에서 멀어지자 블레드 섬도 눈에서 멀어진다. 그제야 과제를 해낼 수 있겠다는 결의 같은 것이 꿈틀댄다. 섬에서 나와 만난, 백 수십 미터 절벽 위에 우뚝 선 블레드 성과 그곳에 새겨진 가마득한 시간의 자취는 또 어떻고.

여행지 기념품을 손에 들고 있다. 그곳을 향한 뭉근한 그리움이 인다. 원형으로 연결하지 않고 늘어뜨린 빨간색 묵주와 블레드 섬 자석이다. 시간이 촉박한 중에 서둘러 산 것들이다. 여행지에서 사 온 자석을 붙이려고 아예 자석 보드를 샀다. 냉장고에 덕지덕지 붙이지 않아도 된다. 여기에 여행한 흔적을 집결했다.

자석 보드엔 두어 뼘 공간이 남아 있다. 이 자리는 어느 미지의 자석으로 채워질지. 사 온 겨우살이 차를 마시며 여행을 반추한다.

생의 부피

손수레가 기어간다. 달팽이도 그보다는 빠르겠다. 위태하게 실은 짐이 마치 작은 초가 한 채가 움직이는 모양새다. 힘이 부치는 수레는 움직임이 굼뜨다. 오르막길에 들자 갈지자로 비틀거리며 안간힘 쓴다.

이를 지나가는 누구도 거들떠보지 않는다. 또각또각 구둣발 소리 내며 뒤따르는 걸음이 불편하다. 밀어야 마음이 편하겠다는 생각이 든 순간, 들고 있던 핸드백을 한쪽 팔에다 단단히 걸었다. 작정하고 뛰어가 손수레 짐에 두 팔을 쑥 뻗쳤다. 힘의 수축인 구두 굽이 시멘트 바닥에서 뻗대다 미끄러지고, 한껏 차려입은 옷은 당겨 올라간다.

손수레가 향하는 곳은 저만치 윗길이다. 힘을 쏟기 전에 잠시 숨 고를 수도 있으련만, 달팽이처럼 전진한다. 경사

길이라 멈출 수도 없다. 누가 밀고 누가 끄는지 얼굴을 볼 새도 없다. 한동안 밀고 당기는 보이지 않는 협동으로 손수레가 드디어 평지에 올라섰다. 누가 먼저랄 것도 없이 밀고 끌던 수레에서 손을 떼고 허리를 편다. 한바탕 팽팽한 줄다리기라도 한 사람처럼 기운이 싹 빠졌다.

두 사람은 가쁜 숨을 고르며 수레 앞과 뒤에서 서로를 바라본다. 옷매무시하며 손수레 끌던 노인과 눈이 마주친다. 왜소한 몸집과 때 묻은 작업복 차림에 등은 동그랗게 굽었다. 새카맣게 그은 얼굴에 움푹 들어간 눈이 쥐눈이콩 같다. "고맙소." 노인이 무심한 한마디 인사를 건넨다. 이 짧은 말이 청산유수보다 깊이 와닿는다. 엷은 미소로 눈인사하곤 태연한 척 가던 길 가는데, 평생 농사꾼으로 산 아버지 모습이 자꾸 겹친다. 작은 체구에 홀쭉한 볼, 탄 얼굴이 아버지를 똑 닮았다.

인근 한 복지관에서는 노인들에게 무료로 점심을 대접한다. 이곳에 봉사차 드나들었다. 손수레 노인도 점심 먹으러 왔다. 주방에서 담아주는 노인의 고봉밥이 작은 동산만 했다. 주방에서 반찬과 국도 안다미로 담아준 덕이다. 노인은 ㄱ자로 꺾인 허리를 한 번 펴지도 않고 수저질한다. 몸에 밴 습관인지 식사도 노동처럼 했다. 가끔 그 옆자리에서 점심을 먹을 때면 내 반찬을 슬며시 그쪽으로 밀어놓았다. 그는 숙인 얼굴을 잠깐 들고는 고맙다는 인사를 나지막이 전했다.

식사를 끝낸 어른들이 이삼백 원 하는 자판기 커피를 뽑아 마실 동안, 노인은 숟가락 놓기가 바쁘게 총총히 복지관 문을 나섰다. 바지런한 뒷모습이 꼭 아버지를 닮았다. 그를 볼 때마다 시선을 쉬 떼지 못했다.

골목을 오갈 때 폐지를 싣고 다니는 동네 노인을 더러 마주친다. 짐 실은 작은 수레에는 여러 군데서 모은 다양한 박스가 켜켜이 재여 있다. 그중에 손수레 노인도 있다. 집에서 수시로 나오는 헌책이나 신문지를 모았다가 그를 불러 건넬 때도 있다. 그는 동네에서도 바지런하다고 입소문이 자자하다. 풍문에는 그 아들이 어느 큰 병원 의사라는데 사실인가는 알 바 없다. 다만 손수레와 함께하는 그의 삶은 현재진행형이라는 거다.

내 큰아버지와 작은아버지는 고등학교, 사범학교를 나와 면서기와 고등학교 선생을 했다. 아버지만 쏙 빠졌더란다. 중학교에 가고 싶어 산에 올라 울었다는 아버지는 배우지 못한 한을 자식 교육에 쏟아부었다. 큰집 일까지 거들며 머슴처럼 일했다고 어머니가 설움을 토했다. 당신 몸이 낡고 닳아 작동이 멈출 때까지 일에 파묻혔다. 골목에서 미끄러져 자리에 눕기 전까지. 당신 나이 여든까지 훨훨 농사 잊고 편한 세월 한번 살아보지 못했다.

노인이 싣고 가는 폐지의 대가가 얼마나 될까 짐작하다

가 아버지를 생각한다. 감히 계산할 수 없는 희생의 대가로 살아가는 우리들인데. 노인 손수레 집채만 한 짐은 아버지 어깨에 진 생의 부피였다.

사월, 그날의 바다

다시 4월 16일이다. 국민에게 슬픔을 안긴 세월호 사고가 일어난 날이며, 개인적으로는 결혼기념일이다. 기념일에 앞서 착잡해지는 그런 날이다.

바야흐로 만화방창萬化方暢한 시절, 생명의 기운이란 다 늘썩댄다. 그 정점인 사월도 중순, 각양 꽃이 연이어 피고 들에서 쑥 캐는 여인들 등에서 아지랑이가 핀다. 이렇게 대지가 술렁이는 봄도 누구에게는 침통한 때임을 여지없이 떠올리게 된다.

몇 해 전 그날을 생각하면 한없이 섧다. 생이 막 피어나는 봄의 시기에 원통하게 생을 등진 그 많은 청춘이 가엾다. 그 사이 몇 번의 봄이 지고, 또 그 봄이 돌아왔다. 그 사고를 다룬 다큐멘터리 영화가 나온다기에 첫날 개봉관으로 달려갔다. 영화를 보기 전과 본 후엔 그 일을 바라보는 시각부터 달라졌다. 꾸민 영화가 아니라 사실을 파헤친 영화라 그렇다. 이 영화를 보라고 추천하는 이유다.

이제 사월은 그냥 잔인한 달이라기보다는 '그날의 바다'로 기억될 것 같다. 영화 〈그날, 바다〉를 본 소회다. 막연히 '안됐다'라는 감정이 아닌 깊은 슬픔이 북받친다. 함께해야 한다는 사명감 같은 걸 갖게 된다. 눈물로 화장이 씻기도록 내버려 둔 채 본 영화다.

'봄봄봄 봄이 왔네요. 우리가 처음 만났던 그때의 향기 그대로~~~'

이렇게 달콤한 로이킴의 '봄봄봄' 노랫말과 멜로디가, 고인이 된 생기발랄한 소녀들이 찍은 동영상 뒤로 흐른다. 봄이 왔건만 그날의 아이들은 세상에 없다. 손으로 V자를 그리며 사진 찍고 여행가는 즐거운 모습으로 시작한 영화는, 여고생들이 깔깔대는 한때의 생전 모습으로 끝맺는다.

그날 아침도 습관처럼 달력으로 눈이 갔다. 중요한 약속을 잊을까 싶어 자주 달력을 보곤 한다. 마침 내가 결혼하고 신혼여행을 간 날이다. 철이 들기도 전에 한 결혼이라 그런지 썩 각별하게 챙기지 않는 날이다. 한데 어쩐 일인지 이날 아침엔 수선스럽고, 봄기운 탓인지 기분마저 처졌다.

그때 접한 뉴스 속보에 심장이 덜컥했다. 심상찮아 보였다. 놀랍게도 수학여행을 가던 생때같은 아이들이 수백 명이나 탔단다. 정말이지 일이 발생한 초기에는 누구나 그랬을 것처럼, 그대로 가라앉으리라고 짐작하지 못했다. 어떻게 그 많은 생명이 스러지는 걸 구경만 했단 말인지. 그들 창창한 생처럼 찬란한 그 봄날에. 영화에서 헬리콥터 날갯소리가 윙윙 들리는 당시 화면을 보면서, 아직 다 가라앉지도 않은 배에서 왜 아무도 나오지 않는지를, 왜 누구도 구조하지 않는가를 소리쳐 묻고 싶어졌다.

내 자식 같은 아이들은 어디로 갔는가. 그 가족이 아니라도 섧다. 너무나 서러워 절로 눈물이 흘렀다. 자식을 잃은 가족들의 슬픔은 사위지 않는 고통임을 새삼 느꼈다. 그 비통함을 짐작한다는 말조차 조심스럽다. 나는 몇 해 전 그때, 유가족에겐 미안하지만 속다짐한 게 있다. 내 아이들이 어디에선가 숨 쉬고 있다는 것만으로 다른 욕심 내지 말자는 그것이다. 누구에게나 자식은 그런 존재다. 이따금 속 썩는 일이 있을 때면, 그때 한 생각을 돌이키며 마음을 다잡곤 한다.

그 봄이 또 찾아온 것처럼 시간은 하릴없이 흐른다. 벌써 사주기다. 설령 잊고 있다가도 이날만큼은 그들을 기억하면 좋겠다. 그리고 더는 모로 드러누운 배를 방송으로 내보내지 말기를 바란다. 아이들의 아우성이 들리는 듯해 차마

볼 수가 없다. 볼 때마다 섬뜩해지는 그 장면은, 벤 자리에 소금 뿌리는 격이 아닌지.

꽃 진 자리에는 해가 바뀌면 꽃이 피고 싹이 움튼다. 무심하게도 사람이 떠난 자리엔 사위지 않는 고통만 옹이처럼 남는다. 지켜보는 이들은 떠난 사람과 남은 가족을 생각하며 측은지심과 연대감을 가져야 마땅할 것 같다. 그러나 세상은 아무 일 없듯 제 본연의 이치대로 흘러가고, 사람들은 차츰 그 일을 잊어갈 것이다. 오랜 시간에 걸쳐 자료를 토대로 밝혀낸 진실은 규명되어야 한다고 본다. 김지영 감독의 용기가 결국 해냈다.

내가 할 수 있는 일은 이런 영화를 보며 아픔에 동참하는 일이다. 봄의 정취에 겹다가도 사월 열엿새엔 가여운 넋과 그 가족을 화살기도에 넣는 걸로 마음을 함께하리.

곧 산벚꽃도 지고, 때죽나무 순백의 꽃이 조롱조롱 매달려 세상을 울릴 테지. 뒤따라 산딸나무 하얀 십자꽃잎도 하늘 향해 펼칠 것이며. 마치 천상에 기도하듯, 추모하듯.

문장을 위한 고독

글 쓰는 시간은 자아와 대면하는 시간이다. 글을 쓰며 내 안의 나를 만난다. 여행도 비슷한 맥락이다. 여행을 통해 잊고 있던 것과 멀어진 것에 대해 생각게 된다. 무엇을 들여다보려면 고독해야 한다는데 여행도 고독할 때 심안으로 바라보게 되는 것 같다. 소실섬이 없는 글 쓰는 작업과 비슷하다.

여행이나 글이나 다 막연함과 막막함으로 마주한다. 혹시 모르는 희망 같은 걸 염두에 두고 행하는 과정이 그래 보인다. 내면을 정리하며 부족하거나 못난 부분을 스스로 인지하고 채워가는 그런 과정이.

여행하며 신발의 구속에서 해방되어 하루를 보낸 적 있다. 푸껫에서 인근 부속 섬으로 가는 보트를 탈 때 신발은 벗어두고 탔다. 발이 속박에서 벗어나자 심신이 새털처럼 가벼웠다. 신체 일부를 두고 가는 듯 허전한데 이런 마음과는 달리 걸음은 사뿐사뿐하고 해방감도 따랐다. 그 자유로움에 신발 착용 여부조차 곧 잊었다. 거치적거릴 것 없는 하루는 홀가분했다. 발의 감각이 전신을 지배하는지. 안방이 아니고선 맨발로 하루를 보낼 일이 없다. 설탕처럼 보드라운 모래를 밟을 때 발바닥에도 처음인 듯 예민한 감각이 깨어나는 기분이었다. 신발에서 벗어난 발처럼 일상을 빠져나온 자체가 여행인 것 같다.

그 여행길에 생과 사랑과 여행에 관한 문장을 읽었다. 생, 사랑, 여행… 우리가 살아가는 삶을 총체적으로 요약한다. 길을 나서면 소설보다 재미난 세상이 펼쳐진다. 그럼에도 읽을 책을 챙겨 간다. 실은 몇 장 넘기지도 못하고 그대로 들고 올 때가 더 많다. 아예 첫 장도 열지 못하고 돌아오는 일도 있다. 그래도 챙겨 가는 건 자투리 시간을 보내는 지혜이기도 하지만, 여행지에서 읽은 책은 오래도록 기억에 남는다는 걸 경험했기 때문이다. 해서 책 선택에도 신중해진다. 무거운 주제보다는 가볍게 읽어 넘길 책이 어울린다.

앞에 보이는 신세계가 모두 문학이 아니랴. 피부색과 얼굴 생김새가 다른 보트 선장, 까만 피부의 흑인계 DJ, 한국에서 온 신혼부부, 다른 언어를 쓰는 젊은이들, 저 멀리 산

등성이에 걸린 구름에 물드는 노을까지…. 사위가 일몰에 들자 국적이 다른 사람들이 가장 순한 본연의 얼굴로 고독 속으로 빠져들었다. 생과 사랑과 여행의 집합체에 강렬하게 소속되는 순간이었다. 주어진 생을 끌어안고, 그 생을 사랑하면서, 지금을 여행하고 있다며 자신에게 무한한 격려와 찬사를 보냈다.

결정적 순간도 일상의 순간일 뿐이라는 레몽 드파르동은 사진계의 살아 있는 전설이다. 수십 년간 전장을 누빈 종군 기자다. 나날이 지열한 삶을 건니온 그는, 노년에 이르러서야 분주함에서 벗어나 다른 길로 들어선다. 바깥으로 향하던 렌즈를 이윽고 자신의 내부로 돌린 것이다. 익숙한 자리, 셔터를 눌러야 하는 긴박한 결정적 순간이 강요되던 그런 자리를 벗어나 세상과 조용히 마주 선다. 늦었지만 자신과 대면하는 느린 인생 여정에 든다. 길과 나무, 사막, 텅 빈 거리, 밤의 상점, 버려진 자동차, 창밖의 풍경, 구름…, 노장의 시선에 든 풍경은 견고하고 고독하다. 우리가 여행지에서 만나는 풍경도 주로 이런 것들이지 싶다. 그 안에 서 있는 나를 바라보는 것….

생의 기나긴 길을 거의 지나와 마주하는 고독. 그것은 나로부터 멀리에 있고 가까워지지 않던 대상과의 만남이며 눈뜸일 것이다. 고독이 깊을수록 자신을 더 깊숙이 들여다보게 되는 걸까. 길 위에서는 세상과 사물과 대상에 좀 더

그윽한 시선을 보내게 되는 것 같다.

평생의 동반자로 발맞추어 가는 문학도 그 고독 안에서 원숙하게 만나지 않나 싶다. 견고한 고독의 길을 걸어가며 진정 더 고독해지기를, 고독이 무르익어 스스로 경탄할 문장을 짓기를 갈망한다. 아직 마음에 드는 문장을 짓지 못한 건, 정녕 충분히 고독하지 않았던 탓은 아니었나 하는 생각도 든다.

문학이란 정녕 생이고 사랑이며, 먼 길 떠나는 여행임이 분명하다. 그 머나먼 길 걸어가자면 부단히 고독해지고 고독에 친숙해야 하리. 그 안에서 솔직한 나를 만날 수 있도록.

겸상의 추억

만장輓章이 내걸렸다. 큰집 높다란 담 안쪽으로 불긋불긋한 깃발이 나부낀다. 담장 안쪽에서 도대체 무슨 일이 일어난 걸까. 오겠다는 기별 없이 찾아온 고향 마을에서 큰집 담장을 올려다보고 서 있다.

출가외인이라고 그랬는지, 살기에 급급할 거라 그랬는지. 집에서는 내게 할아버지의 부음을 전하지 않았다. 어느 날 불쑥 찾은 고향에서 할아버지가 만장으로 나를 반겼다. 작은어머니가 그랬다. "할아버지가 너를 불렀는 갑다."라고.

할아버지 생신일은 내 생일이기도 하다. 아궁이 불에 노릇하게 구운 도톰하게 살진 조기가 밥상에 오르는 이날, 할아버지와 겸상하는 나는 친척 앞에서 당당했다. 할아버지

생신날 상 맞은편에 내 밥과 국을 올리면 내 생일상도 되었다. 나와 할아버지만 독상을 받고 다른 친척은 큰 상에 빙 둘러앉았다.

길고 하얀 턱수염에 송송 맺힌 막걸리 방울을 손바닥으로 쓱 훑어 내리거나, 장죽 대통을 화로에 통통 두드려 담뱃재를 털던 기억으로 남은 할아버지. 살아오며 만난 사람 다 견주어도 그분만큼 인자한 사람을 본 적 없다. 그 인자함이란 게 천성으로 우러나오는 게 아니겠는지. 어릴 적에 할아버지가 호통을 치거나 버럭 화내는 걸 본 적 없다. 천생 양반답게 점잖았으며 느리고 찬찬하셨다.

내가 고등학교 다닐 때 이 층에서 떨어진 일이 있다. 마을 친구가 이십 리 길을 버스를 타고 가 그 사실을 우리 집에 알렸다. 교실 유리창을 닦다 떨어졌다는 친구 말에 가족은 얼굴이 파랗게 질렸다. 내 몸이 유리창과 같이 바닥으로 추락해 만신창이가 된 줄 알았던 게다. 척추에 금이 간 사고였으니 작은 사고는 아니었다. 읍내에서 제일 큰 병원인 적십자병원에 입원하게 되었다. 그때 할아버지는 당신이 너무 오래 살아 못 볼 걸 본다며 크게 상심하셨더라고 했다. 만 원권 지폐 속 세종대왕을 닮은 할아버지는, 마을회관 앞 양지바른 벽에 기댄 채 잠이 든 듯 숨을 거두셨다. 회관에서 드신 인절미가 목에 걸렸더라고 했다.

결혼 후 맞은 내 첫 생일 때다. 문득, 지난 생일을 돌아보니 집에서 생일 밥을 먹은 기억이 없었다. 생일 밥상을 받은 적이 있었는지 모르겠지만 기억이 통 나지 않았다. 어머니께는 무척 죄송한 말이다. 할아버지와 겸상하지 않았더라면, 어머니는 내 생일상에 조기 한 마리 올리기도 여의치 않았을 것이다. 이런 지난한 기억들에 마음 아파하지만, 물질의 결핍은 그러려니 하고 겪는 일이었다. 빈곤이 일상인 중에도 온화한 환경 덕에 심적 불균형 없이 건강하게 성장했다. 이런 집안 분위기 중심에 할아버지가 계셨다.

한 마을 앞쪽으로 광산 김씨 삼형세가 나란히 터 집고 살았다. 큰아버지와 아버지, 작은아버지 형제다. 요즘도 세 집이 나란히 사는 데엔 변함이 없다. 큰집 할아버지와 할머니, 큰아버지, 큰어머니도 돌아가셨다. 친정아버지도 몇 해 전 먼 나라로 가시니 삼형제 집은 적요하다. 명절이나 생일이라고 친척집을 돌며 밥을 먹던 때가 그리 오래전 일도 아니다. 작은집, 큰집에 대소사가 있을 때 여선히 오가기는 한다. 그러나 부모들이 차츰 세상을 뜨니 예전처럼 북적댈 일도 없다.

할아버지 출상 날이다. 큰집 안방 병풍 뒤에 모셨던 할아버지 장례를 치르는 날이다. 사촌지간 아이들도 분위기 살피며 손 모으고 둘러섰다. 할아버지가 이승에서 마지막으로 문지방을 넘는다. 관례로 박 바가지가 깨지고 마당으로 조심조심 내려설 때다. 한 남자의 흐느낌이 꺽꺽 들린다.

울음 주인은 아버지다. 그 소리가 돌아가신 할아버지가 내 아버지의 아버지임을 일깨운다. 나도 따라 목이 멘다. 아버지의 아버지에게 손녀가 되는 나는, 한 다리 건넌 사이라고 애달픈 마음이 아버지보다는 덜한 모양이다. 집안의 지축이던 어른이 거처하던 안방을 영영 떠나는 날이라 집안 공기가 무겁다. 할아버지와 특별하게 이어진 내 유년의 일부가 뭉텅 분리되어 나가는 상실감을 맛본다. 겸상의 추억마저 아득히 멀어지듯 안타깝다.

할아버지 기일은 유월 유두일이다. 음력 유월 보름이면 여름기운이 완연할 시기다. 기일이 되면, 함박눈 펄펄 내릴 때 마당에서 전통혼례 올리며 운 큰집 올케가 도시에서 찾아온다. 우리 집 큰며느리인 올케도 읍내에서 올라오고, 막내인 작은집 며느리도 인근 도시에서 마다치 않고 온다. 당신은 사후 복도 어지간하신 게다. 겸상했던 나는 한 번도 가지 않았다. 그래도 내 생일이면 어김없이 할아버지가 의식 속으로 찾아오신다. 그 인자한 표정과 하얀 수염에 온화한 눈빛을 하고서.

딸이 결혼한 후 처음 맞은 내 생일날이었다. 생각지도 않았는데 딸이 찰밥을 짓고 미역국을 끓여 왔다. 마치 허한 내 속을 들여다본 양. 인터넷으로 요리법을 알아본 모양이다. 육아로 힘든 중에 어떻게 그런 기특한 생각을 했는지. 그날 찰밥과 미역국에 조기 몇 마리의 조촐한 생일상은 그

간 섧던 생일의 소회를 날려주었다. 내 생일이면 유독 나에게 애틋해진다. 무의식에 붙어 있는 할아버지와 함께 축하받으며 보낸 생일 추억 때문인가. 앞으로는 부러 챙기고 자축할 생각이다.

유두일 전후해 고향에 간 건 마음이 내킨 때문이었다. 어쩐지 부쩍 가고 싶더라니. 혹, 영의 기운이 있다면 작용한 건 아니었을까. 태어난 해는 달라도 같은 날에 태어나 혈육으로 맺어지고, 이승을 하직할 때 나를 불렀으니 보통 인연은 아닌 게다. 아득히 맺은 전생의 인연처럼 할아버시가 그립다.

문턱

숫자 문턱에 걸려 넘을 문턱을 낮춘 적 있다. 그렇다고 낮춘 문턱이 밀려난 그쪽보다 수준이 낮다거나 한 건 아니다. 다만, 미래를 설계하며 잠시나마 꿈꾼 바를 실행으로 옮길 수 없었다는 게 서러울 뿐. 격려하고 용기를 줘야 할 곳에서 외려 좌절을 안긴 점에 마음 상했다. 나는 도움을 받는 입장이고, 상대는 확실한 목푯값을 염두에 두고 상담해주는 입장이니 고분고분 수긍할 수밖에. 사회에서 약자로 분류된 그 일 이후 한동안 씁쓸함이 가시지 않았다.

지하철에 빈 좌석이 없을 때 노약자석을 흘깃댄다. 좌석 뒤쪽에 붙은 글자가 선뜻 앉는 걸 저지한다. "장애인, 노약자, 임산부 좌석입니다." 나는 과연 저 세 낱말에 해당하는가. 장애인은 아니고, 임산부는 분명 아니다. 그러면 노약자인가? 이 부분에서 아리송해진다. 노약자는 늙거나 약한 사람이라는 뜻일 터. 늙었는가, 약한가로 또 고심한다. 좌중을 둘러보며 나를 적도 삼아 북위와 남위로 분류해 본다. 이때 북위 쪽 비율이 높아 보이면 아직 희망이 있다며 위안 삼는다. 그러나 서 있는 지구력으로 볼 땐 약자라며 주저주저 눈치 보다 슬그머니 엉덩이를 들이민다. 이런 행동마저 서글픈 시절이다.

늙거나 젊은 사람에게나, 무료든 유료든 평생학습의 천국이다. 자기계발이나 자질향상을 목적으로 하는 강의나 단기강좌, 취미프로그램 등 공부할 거리가 쌔고 쌨다. 이런 공부란 대개 해본 사람이 하게 되는 것 같다. 자격증도 하나를 따고 나면 연결된 다른 자격증이 보이고 다시 도전하게 된다. 널린 배울 거리를 두고 하지 못하면 손해 보는 기분이 든다. 글 쓴다며 얕은 지식의 우물을 퍼낸 머릿속이 차츰 말라가는 지각도 따른다.

다니던 직장을 3년 전에 그만두었다. 손자 육아 때문이다. 한 번 봐주기 시작하면 기본 십 년이라고 주변에서 말리더라니. 그 말이 하나 틀리지 않았다. 딱 한 해만이라고 못 박은 말은 하나 마나 한 말이 되었다. 문제는 체력은 점차 떨어지고 머릿속은 비어가는 황폐한 증상이 따른다는 거다. 육아라는 고삐에 딱 묶여 모임과 활동에 제약이 생기고 하루가 헐레벌떡 흘러가 버린다는 거다.

뭔가 통풍구가 필요했다. 일과 중 짬을 내어 한 기관의 직업교육 훈련프로그램을 신청했다. 수강기관과 연계한 프로그램에는 수강할 과목 폭이 썩 넓지 않았다. 관심 밖인 산업 쪽을 제외하면 대부분 컴퓨터, 조리와 커피, 미용 계열이었다. 상담을 받기에 앞서 어떤 교육을 받을 건지 나름대로 고심하고 갔다. 첫 번째 종목은 네일아트다. 배워서 주변 사람에게 알음알음으로 시술도 하고 부업으로 하다 보면, 골목에 작은 가게를 열어도 되겠다는 그림도 그렸다. 담당자는 네일아트 비용으로 볼 때 요즘 어떤 젊은 여성이 나이 든 사람에게 손톱을 맡기겠냐고 한다. 두 번째 종목을 제시했다. 바리스타다. 요즘 커피집에선 삼십 대 중반만 되어도 채용하지 않는다고 싹을 자른다.

누가 나이를 먹고 싶어 먹었겠는가. 순진한 머리를 망치로 두 번 맞은 기분이었다. 머릿속에 그렸던 모자이크 희망 그림이 산산이 조각나고 있었다. 어깨가 꺾였다. 그러면 처음 생각했던 컴퓨터 교육을 듣겠노라고, 더 물러서지 않겠다는 의지를 밝혔다. 몇 가지 따끔한 질문이 따랐지만 우여곡절 끝에 컴퓨터 교육을 듣게 되었다.

과정은 어찌 되었건 두 종목 시험을 쳤고, 두 개의 자격증을 땄다. 그중 한 과목은 무려 만점으로 합격해 홈페이지에서 팡파르도 띄워주었다. 사무 행정 능력과 활용능력이 교육 이전보다 향상되었으니 스스로 만족스럽다. 자격증

따서 뭐할 거냐고 혹자는 묻는다. 자격증을 딴 사람과 그렇지 않은 사람의 차이는, 글쎄 능력보유나 앞을 준비하는 자세에 있지 않을까.

저지당한 문턱 앞에서 자존감이 상처받았다. 하지만 자격증은 현실을 직시하게 해준 덕분에 안은 대가다. 아쉬운 감도 없지는 않다. 나이가 문제가 아니라 얼마든지 개척자가 될 수도 있을 텐데 말이다.

올 한 해도 나이 문턱, 학벌 문턱, 능력 문턱, 건강 문턱, 돈 문턱에서 한계에 부딪힐 생들을 응원하고 싶다. 뜻이 간절하면 시나브로 목표지점에 가까워질 거라는 말도 덧붙여서.

방랑은 통로다

– 레몽 드파르동의 『방랑』

『방랑』, 아직 먹어보지 않은 음식처럼 호기심에 포장돼 다가온다. 일상의 틀을 벗어나 목적지 없이 돌아다니고 싶을 때가 있다. 이도 방랑의 성질일까. 이 방랑은 자유분방한 성향을 가진 보헤미안과는 좀 다른 성격이다. 기간을 두고 행하는, 끝내고 싶을 때 원 상태로 복귀가 가능한 그런 성질이 아닌가 한다. 휴가처럼 맘먹으면 할 수 있을 이 일이 누구나 쉬 실행하지 못하는 떠남이기는 하다.

레몽 드파르동이 쓴 『방랑』은 의도한 방랑이다. 카메라에 방랑이라는 주제를 어떻게 담아낼지, 그 막막한 작업을 염두에 두고 여행한 이야기다. 한데 방랑이란 말이 꽤 낭만적으로 다가온다. 따라 해 보고 싶은 충동을 일으킨다. 사진작가인 저자가 그동안 으스대며 해온 다큐멘터리나 보도 사진 같은 프레이밍과 순간포착과는 완전히 반대되는 개념이다. 가장 평범한 일상에서 담아낸 느리고 헐렁한 그런 방랑이다.

방랑이란 주제로 글을 쓰자면 어떻게 가닥을 잡을 것인가. 이런 막연함과 같은 맥락이지 싶다. 눈에 보이는 대상일 수도 있겠고 어떤 공간이나 시점, 또는 어느 지역의 한 구석일 수도 있겠다. 사람이 포함된 프레이밍일 수도, 그냥 텅 빈 거리일 수도 있을 것이다. 거리 어딘가의 풍경이 포착됐다는 건, 카메라 앵글 뒤에 누군가 있다는 뜻일 터. 그 결과물이야말로 방랑의 산물이 아닐까.

『방랑』은 전 세계 전장을 누볐던 전설적 종군사진기자였던 작가가, 그의 삶 완숙기에 들려주는 사진과 인생 이야기다. 독립운동 중인 반군 지도자들, 엘리자베스 여왕, 닉슨, 만델라 등을 촬영한 인물사진가이기도 하다. 그가 과제로 받은 방랑을 어떻게 포착했을까. 그는 이 어려운 주제를 두고 두 가지 실수를 했다. 사막으로 떠났던 일과 뉴욕에 갔던 게 그것이다. 너무 잘 아는 아프리카는 방랑과 무관했다. 뉴욕도 너무나 익숙한 도시였기에 방랑과는 어울리지 않았다. 결국, 방랑이란 작심하고 돌아다닌다고 될 일이 아님을 방랑한 후에 알게 된다. 방랑은 산책도 아니었으며, 목적을 둔 결과물을 내놓아야 하는 작업의 일환이었다. 즉, 자신이 원한 방랑이 아니라 요구에 의한 공적 방랑이었던 거다.

그는 이 주제를 두고 드디어 가닥을 정한다. 선명하게 찍으리라. 수직 구도가 좋겠다. 지평선 위아래가 거의 같은 크기면 좋겠다. 하늘과 땅이 가득하고 내 위치를 분명히 하고, 내가 어디 서 있었는지 확실히 드러나도록 하자. 잡지 두 페이지로 펼쳐지는 사진도 피하자. 낭만주의 그림처럼 폭이 넓은 것도 피하자. 빛과 우연에 맞서고, 고정관념을 깨고…. 그가 찍은 '방랑'이란 주제의 결과물은 다 이런 각본을 기초로 탄생했다는 점이다. 앵글을 잡기 전에 충분히 고민하며 장차 할 일에 대해 밑그림을 그렸다. 프로사진가인 그의 기본 직업정신을 내게 접목해 본다.

두 페이지로 펼쳐지는 사진만을 선호하지 말자. 사실 지금껏 그래왔다. 수직 구도를 종종 활용하자. 이 구도로 썩 만족할 결과물을 얻지 못했다. 다 실력 부족이었을 것이다. 하늘과 땅이 화면에 가득하고, 내가 서 있는 위치도 확실히 드러내 보자. 이런 각도를 진득하게 찾지 않았다. 책을 읽고 나서 사진에 관심 가진 사람으로 한 다짐이다.

방랑의 라틴어 어원은 이테라르iterar다. '여행하다, 곧장 제 길을 가다.'라는 뜻을 가졌다. 이를 보더라도 방랑은 인간이면 겪거나 행할 수 있는 극히 정상적인 행위가 아닌가 싶어진다. 일상을 이탈하는 데 대해 의아한 시선으로 볼 것까지 없다는 뜻이다.

의도한 방랑자의 눈에 담긴 세계는 어떨까. 그가 택한 세로 사진에는 공통점이 있다. 대부분 길과 하늘이 포함됐다. 본인이 의도한 결과다. 도심이건 사막이건 시골이건, 모두 길이 있고 하늘이 시원하게 담겼다. 길과 하늘은 살아가는 나날에 꼭 있어야 하는 요소다. 사람도 빠지지 않는다. 우리가 살아가는 모습이기도 하다. 간결함 속에서 그가 의도한 바가 충분히 읽힌다. 그동안 내가 고집해온 잡지 두 페이지로 실을 정도의 시원한 구도는 구태의연한 규격이 아닐 수 없다. 그러나 인간을 담는다는 공통점은 있었으니 동질감도 든다.

그가 담은 방랑 속에 돋보이는 건 단연 구름이다. 밋밋한 구름이란 없다. 우리의 삶이 그렇듯 먹장구름과 뭉게구름이 시시로 바뀌어 등장한다. 도심의 엉킨 전선, 전봇대, 지워진 보도블록의 차선, 파인 웅덩이, 건물이 만든 그림자, 울퉁불퉁한 도로 위로 하늘이 펼쳐지고 그 하늘엔 구름이 떠 있다. 마치 대지를 굽어보며 호령하듯 꿈틀대다가 한들한들 바람을 타고 놀 듯 가볍다가. 그 구름 아래를 홀로 걸어가는 남자가 있다. 이보다 선연하게 방랑을 드러낼 수는 없을 것 같다.

무엇을 바라보려면 고독하라고 말한다. 도로가 쭉 뻗었을 뿐인 빈 화면 뒤로 앵글을 잡은 작가의 고독한 시선이 느껴진다. 이 정도 공감이면 독자로서 자격이 있다며 뿌듯하다. 높은 건물 사이 그늘진 길을 걸어가는 사람, 코트 주머니에 손을 넣고 좁은 골목을 걸어가는 남자. 걸어가는 남자도, 그 뒤를 따르는 시선도 고독하다. 누군가를 바라보고 뒤따르는 사람은 고독하다. 등을 보이고 가는 그는 뒤돌아보고 손 흔들지 않을 것이며, 나만의 일방적인 바라봄으로 끝날 것이기 때문이다. 누군가를 홀로 맘에 품듯.

사실 사진을 찍는 결정적 순간은 없으며, 일상이 순간이라는 진실을 깨친다. 우리가 사는 매 찰나가 결정적 순간이 아니랴. 내 인생이 담긴 시간에 헛한 시간이란 없을 것이다. 만약 이를 이해할 수 없으면 하루를 시간 단위로 쪼개어 사진을 찍어보자. 그 사진에 담기는 한 장면마다 무의미한 순간은 없다. 순간이 모여 시간이 되고, 시간이 더해져 한 사람의 생이 될 것이기에.

방랑은 곧 통로이며 이는 우리의 삶과 비슷하다. 방랑하는 중에 찾던 해법이 반짝 떠오를 수도 있을 것이다. 살아가며 만나고, 헤어지고, 부딪히고, 맞닥뜨리며 걸어가는 길이 다 방랑의 길 아니겠는가. 저 혼자 하는 행위이며 침묵하며 세상 체험에 몰두하는 일. 움직이지 않는 방랑이란 없을 터, 방에 틀어박혀 무슨 방랑을 하겠는가. 출구를 찾아 나설 일이다.

방랑이 생의 어떤 통로가 되어준다고 볼 때 여행도 동질성을 가진다고 본다. 여행해서 고독한 게 아니라 고독할 때 여행하고 싶어지는 걸 보더라도 그렇다. 여행이 방랑의 한 부류인 건 분명해 보인다. 방랑과 여행은 상통하는 면이 있다. 내게 『방랑』은 그렇게 다가온다.

절해고도 302

대기가 한증막이다. 이런 폭양은 희한하게도 적막을 동반한다. 귀가 먹먹한 고요는 함박눈이 퍼부을 때 따르는 물리적 현상인 줄 알았다. 이는 눈의 숭숭한 결정체가 소음을 흡수하여 그렇다지만, 데운 가마솥 같은 열기가 소음을 흡수할 리는 없을 터. 요는 지상을 질식시킬 작정으로 쏟아붓는 더위에 생물이란 모조리 풀 죽은 결과가 아니랴.

이런 폭서에는 스스로 살아남을 지혜를 터득해야 하는 법. 나는 세상으로부터 숨기를 택했다. 누구에게도 방해받지 않을 오롯한 나만의 공간, 스스로 고립을 원했다고 하는 게 맞겠다. 사람 사이 관계마저 단절시킨 끔찍한 열기를 피해 칩거한 외딴곳엔 새소리조차 들리지 않는다. 적막강산이 따로 없다. 이따금 정에 목마르면 밀폐한 공간의 봉인을 해제하고 외부로의 길을 튼다. 바깥 공기는 여전히 뜨겁다.

다시 문빗장을 걸고 혼자 먹고, 혼자 말하고, 책을 읽고…, 글을 쓴다. 눕고 싶으면 눕고, 자고 싶으면 자며 멍한 시간을 보낸다. 나만의 왕국이다. 책상 위에 수두룩이 재인 읽을거리가 줄어들고, 창작 스케치용 대학노트가 쓸거리로 술술 채워진다면 말이다.

지구 환경이 지진이거나 홍수 아니면 가뭄처럼, 양극을 치달을수록 사람도 극 개인주의로 내닫는 것 같다. 상대의 영역을 침범하지 않고, 자신도 타인의 간섭을 사양한다. 나도 그런 시대의 일원이 아니라고 반박하지 못한다. 적막이 깔린 절해고도에서 숨 쉬는 건 오직 나뿐. 둘러친 벽 안쪽 나와 그 너머의 사람들은 서로 별개의 존재다. 각각의 사람이 각 독립개체인 그냥 사물이다. 모르는 사람끼리 눈 마주치고 멋쩍은 웃음 한 번 짓기란 하, 떨떠름하기만 하다. 되레 계면쩍어 서둘러 돌려버리는 시선, 아니 세상이라니. 그 말 없는 사이를 흐르는 애매한 분위기란 또 어떻고. 날씨를 탓하며 정의 교류마저 뚝 끊긴 바깥세상으로부터 차단되어 고립무원인 절해고도에 칩거 중이다.

김홍도 〈소림명월도〉의 적적한 운치가 그립다. 성근 나뭇가지 뒤로 뜨물 빛깔 달이 동실 뜬 그림은 스산하고 소슬하다. 달을 중심으로 안개가 자욱이 감긴 그림 속으로 이끌

리듯 스며든다. 인문학을 강의하는 광고인 최갑수는 이 그림에서 베토벤의 〈월광 1악장〉을 떠올린다던가. 나는 한여름의 적막을 본다. 풀벌레도 잠들었을 밤의 고요와 쓸쓸함이 묻어나는 그림, 느리고 고요하게 달빛처럼 별처럼 쏟아져 내리는 피아노소나타 14번 월광 1악장. 그림 속 달과 달빛 소나타에 안개에 젖듯 취하고 있다.

18세기를 살다 간 동서양 예술가가 승화시킨 정적이 통했음일까. 나의 고도孤島에서 김홍도와 베토벤과 내가 만나 교류하다니. 위리안치圍籬安置된 내 영혼이 비단결 두른 듯 따사로워진다. 베토벤이 듣지 못하는 귀로 건반을 두드릴 때, 정상인이 도저히 알 수 없는 초월한 영감 속에 있었을까. 어쨌든 위대한 음악가와 화가와 그 발끝에도 따라가지 못하는 작은 문학인이 동시대에서 교감하는 순간이다. 들을 수 없는 영혼이 적막 속이거나 암흑이었을 베토벤이, 〈소림명월도〉를 그리는 화폭 앞에 앉은 한 고독한 화가가 바로 내가 아닌가. 시공간도 훌쩍 뛰어넘는 감성의 공감대에 헉헉대는 더위도 잊는다.

'햇볕이 숯불처럼 뜨거운' 여름 한낮이다. 이 쨍쨍한 순간을 꽹과리로 부수듯 생을 다해 울어대는 매미 소리 처절하다. 이는 고맙게도 내가 숨 쉬고 있음을 자극하는 소리다. 가장 절절한 한때를 보내는 매미와 극도로 무력한 시간을 흘려보내는 나 사이로 여름이 지나간다. 때가 되면 소슬바람은 절로 불 것이며, 차츰 성글어지는 숲 사이로 뜬 달도 곧 볼 수 있겠지.

누구는 바다로 피신 가 있다고, 누군가는 먼 휴양지에 있다는 소식을 바람결에 듣는다. 하여 더 갑갑한 시절이다. 그런데도 방해받지 않고 내일을 향할 공간이 있으니 다행이지 뭔가. 충만하도록 책을 읽고, 영화를 보고, 고독 속으로 빠져 그 고독을 만끽할 수 있음이. 위리안치가 썩 나쁘지만은 않은 것 같다. 허겁지겁 살아가다 얽히고설킨 관계로부터 단절되어 오로지 나에게 집중하는 시간이기에.

어쨌든 302호 문 닫아걸고 붓방아 찧는 여름이다.

■ 연보

- 1959 경남 거창 출생
- 2004 《수필과비평》에 수필 〈합창할 때처럼〉으로 등단
- 2009 한국방송통신대학교 국어국문학과 졸업
  (국어국문학과 부산지역대학 문예지 《낟가리》 편집장)
  제1회 천강문학상 동상 수상
- 2010 시집 《달하》 출간(세화출판사)
  수필집 《바람의 말》 출간(수필과비평사)
  현재까지 《월간 부산》 객원기자
- 2010~2012 《부산수필문예》 편집장
- 2010~2015 《문학도시》 편집 · 취재기자
- 2011 부산수필문인협회 제2회 올해의작품상 수상
- 2012 부산수필문인협회 제3회 수필문학상 수상
- 2014 제2수필집 《화색이 돌다》 출간(샤인텔)
  《여행작가》에서 여행수필 〈설국에서 그대에게〉로 신인상
- 2015~2016 수필과비평작가회의 사이버지부장
- 2016 제16회 수필과비평문학상 수상
- 2016~2017 부산수필과비평작가회 회장
- 2017 제9회 정과정문학상 수상

■ 2018 국제신문 오피니언 칼럼 필진
제3수필집 ≪다독이는 시간≫ 출간(산지니)

현대수필가 100인선 II· 46
김나현 수필선

풍경 한 폭

초판인쇄 | 2018년 10월 01일
초판발행 | 2018년 10월 10일

지은이 | 김 나 현
펴낸이 | 서 정 환
펴낸곳 | 수필과비평사 · 좋은수필사

주 소 | 서울시 종로구 삼일대로 32길 36.
(익선동 30-6)운현신화타워 305호
전 화 | 02)3675-5635, 063)275-4000
등 록 | 1984년 8월 17일 제28호
홈페이지 | http://www.shinapub.com
e-mail | essay321@hanmail.net

값 8,000원

ISBN 979-11-5933-176-3 04810
ISBN 979-11-85796-15-4 (세트) 04810

이 도서의 국립중앙도서관 출판시도서목록(CIP)은 서지정보유통지원시스템 홈페이지(http://seoji.nl.go.kr)와 국가자료공동목록시스템(http://www.nl.go.kr/kolisnet)에서 이용하실 수 있습니다.(CIP제어번호: CIP2018033710)